哈佛妈妈天赋教育法

孩子和你都是钻石

姚青萍 著

上海三联书店

原则一
发现孩子独有的天赋

每个孩子就像一颗原钻石，要经过切割打磨，

才能发出它天生独有的璀璨。

因材施教，让孩子活出最亮丽的一面。

原则二
培养孩子优秀的品格和能力

原则三
职场与育儿之间要平衡

最好的玩具
来自大自然

儿子从小爱到水边捉鱼虾
大了爱研究生物科技

女儿从小爱唱歌
大了爱教领导和管理学

凡事都有定期！

什么时候，就做什么。
循序渐进，取得平衡。

这是我们家
一门四博士的故事
从一个到两个说起

从两个、到九个

主所赐的福分
超过我所求所想

两个个性极端相反的人，
可以互补共赢
到老夫唱妇随同台教书，
真是神的恩典

孩子和你都是钻石！
祝福大家　事业成功　家庭幸福！

序 言

当青萍女士邀请我为本书作序的时候，我突然意识到时间的飞逝。屈指一算，我和作者及其一家人的相识已近25年了。从二十五年前与书中'女儿'的爸爸做同事，到今天'女儿'成为我的同行，我们也许可以算得上前世有缘了。我几乎是看着、或听着其儿其女从中学到大学、再到研究生，再到工作、事业发展以及结婚生子的整个故事发展的。但是我不知道的是这些故事后面父母所倾注的心血和努力，我更不知道的是青萍夫妇管教子女的秘诀和良方。

而这些秘诀和良方却在《哈佛妈妈天赋教育法》中被一一分享和分析。作者作为管理学博士和项目管理专家，分享的方式也比较特别，既有概念篇，又有执行篇。概念部分突出的是管理原则，执行部分强调的是在子女成长的不同阶段使用不同方法的具体实践。可喜的是，作者用五十个故事穿插其间，让阅读不过于教条和枯燥。

我个人最欣赏的是书中的父母对不同天赋、天性的两个孩子给予同样的爱和陪伴，并以顺应各自天性的方法进行诱导，培养孩子对学习的长久兴趣和热爱。我们在书中看到父母的观察、讨论、角色分配、管理流程设计和监督执行，在看似无章可循的日常生活中，其实他们一直都牵着一根红线。而最终的目标是把孩子的潜力发挥到最大，让他们对生活和工作都充满激情，实现自己的人生价值，成为对社会有用的人。

　　我也很欣赏书中的父母对自己角色的清醒认知。父母的责任在孩子长大成人（以结婚为指标）的时候已经完成，此后不应该再干预子女的生活，尤其是他们如何抚养自己的孩子，除非他们请求帮忙或干预。这一点虽然听起来简单，但做起来需要相当的定力，我自己曾经在《放手》一文中对此也有过阐述。

　　不可否认的是，培养孩子的方法存在着千千万万种变式，我们也无法验证本书中的原则和方法就是最好的，而且我个人也不认为上哈佛大学就是父母教育成功的测量指标。但是，从我个人与书中的儿女接触的过程中，知道即使他们在学业和工作上没有成就，我仍然会喜欢他们的品德和行为：诚实、正直、有同情心和同理心，靠谱、负责任，并有普世情怀。

我庆幸认识他们，并成为他们的朋友。

陈晓萍

2019年7月于美国西雅图

美国华盛顿大学福斯特商学院

Philip M.Condit讲席教授、副院长

自 序

　　2002年，我们家一对儿女都正在哈佛大学就读，当时我在国际商用机器公司（IBM）的学生们就要求我讲如何把一对个性迥异的儿女都送进了哈佛大学，我就零零星星分享了一些。2014年至今，我在国内的大学向在职的工商管理硕士班教授组织行为课程，这批学生正值三十多岁结婚生子的年龄，他们中的许多人都已为人父母，然而这些年轻父母们，一则学业忙，二则事业想要更上一层楼，三则要顾及配偶的需要，四则还要挤出时间来教养儿女，真是蜡烛几头烧。加上社会进步太快，他们不想用上一代比较权威的中国传统方式来育儿，西方的新办法也不知适不适用，看着孩子一天一天长大，就怕孩子输在起跑线上，心里焦虑得很。我为这些年轻父母们的尽心尽力而感动，也为怕他们生搬硬套陷入一些误区而担心。所以这几年除了借着课余时间，和学生们分享一些育儿经，我也开始把儿女教养中的心得体会写下来。我常在我的组织行为课程结束后，提醒这些在职进修工商管理硕士的年轻父母们：课堂上学到的一些管理学、心理学和领导力的理论方法，不仅可以帮助他们回到自己的工作岗位大展身手，练习如何识人、用人、管人、育人，也可以把这些知识应用到教养儿女和管理家庭上。

　　家庭也是一个组织，虽是最小的组织，也可应用一些管理心理学的方法来管好这个小组织。古人说，"修身、齐家、治国、平天下"，对在企业工作的年轻人而言，治国就是治业，就是治理好自己的事业或自己的企业。在管理好企业的大组织之前，要先会管理好最小组织的家，古人说先齐家后治国，就是这个道理。事实上，许多企业家和高管认为管理下属比管理儿女更容易，因为下属不听话还可以炒他鱿鱼，但是孩子不听话可不能炒他们鱿鱼啊。从这个角度来看，现代父母是要提升自己的领导力的，要学习一些管理学、心理学的方法，并且把它应用在教养儿女上，这样不但可以增加管理好自己小家的机会，少了后顾之忧，而且还可以在养儿育女的学习实践过程当中，把自己的成熟度、领导力和管理能力锻炼出来，在事业上更上一层楼，真是一举两得的美事。这本书是国内第一部把管理学应用在儿女教养上的著作，而且有50个我们家亲身经历的育儿小故事和案例，希望对年轻的父母有帮助。

讲起儿女教养，我和我先生是才疏学浅，一方面因为我们不是儿童教育专家，很多时候并不能从完全专业的视角看待儿童发展的问题；另一方面，许多父母花了比我们加倍的心血，教育出来的孩子也比我们家的孩子更优秀。此外，这本书是一个案例，既然是案例，里面的细节就有它的时空限制，但是，只要父母有爱心和耐心，因地制宜、举一反三的应用书中的原则和方法，也一定可以发挥出孩子的天赋潜能。我们不认为我们的孩子特别地聪明或出类拔萃，在教育孩子的过程中，我们也只是尽力而为，能不能成功要靠上天的恩典。一路走来，我们也犯了一些错误，只是我们被特别恩待，我们犯的错误没有造成不能挽回的伤害。现在，我们的教育也算是成效初显，两个孩子都毕业于哈佛大学，后来成为社会上有用的人。我心想为什么这样的好事会发生在我们家呢？我相信这些并非偶然，除了自己主观努力的因素外，更多是仰仗上天给的奇异恩典。这也是为何奇异恩典是我们家最爱的诗歌之一，每次唱都非常感恩。

当今这样一个高度竞争的世界里，做父母的如何一面帮助孩子发现他们自己所独有的天赋才干和培养孩子的品格，一面也能自己修身养性、以身作则，发挥自己在事业上和社会上的潜能，并且能智慧地在职场工作和抚养教育孩子之间取得平衡，这些是每个现代父母都会面临的挑战。希望我们家的亲身故事分享，可以给大家一些启发。

这本书，我会分成两个篇幅来讲。上篇是概念篇，下篇是执行篇。概念篇里，我提出了三个教养孩子的大原则、大方向，执行篇是实际操作时，我提出的五大不同阶段的行动方案。概念篇是基于我受邀做过的两次演讲的主要内容，一次演讲是面向几百位年轻父母的职场讲座，另一次是面向几千位直播间听众的演讲；执行篇是基于我受邀在国际商用机器公司（IBM）面向几百位高科技专业的年轻父母的一次演讲。后来，经常有许多我的金融管理硕士（FMBA）的学生和其他团体，要求我再讲，由于时间有限，我就把讲稿变成文字，希望可以给更多的人做参考，也想抛砖引玉，请大家多多指教。

开头我稍微介绍一下我们家的孩子。我们有一儿、一女,儿子是1979年出生,女儿是1983年出生。儿子14岁以前,女儿10岁以前是在美国当地的公立学校念书,1993年,我们全家从美国搬到香港,他们就在香港读书,儿子念本地学校,女儿念国际学校,他们一直住家里,直到他们18岁去美国读大学和研究所。儿子是美国哈佛大学医学院和麻省理工学院分子生物的双博士(MD/PhD),美国莱斯大学电脑系学士,现在是在美国硅谷一家世界顶尖的生物科技公司做研发高管,用人工智能(Artificial Intelligence)和大数据(Big Data)做遗传基因的研发。女儿是美国哈佛大学心理系学士和马里兰大学管理学的博士,现在在美国西海岸一所知名大学做组织管理学的终身教授。

书中我会引用一些管理学、心理学、组织行为、项目管理的方法和观念,另外因为时常教书,我发现讲课时,讲完概念后,必须辅以案例,学生们才印象深刻,所以我准备了50个我们家的真实故事和应用案例和大家分享。想想看,一儿、一女,都是我们家的孩子,基因、家教和环境也类似,可是这两个孩子从小个性几乎是正相反，他们的激情和天赋才干也很不同，我们做父母的，如何根据他们各自独有的天赋、才干、个性和兴趣，培养成专业领域完全不同的哈佛学子呢？因材施教说起来容易，做起来并不容易。我们很感恩，就在教养儿女的挑战当中，我们自己也被磨练成更成熟的人、更好的管理者，可以做更多对社会有益的事。希望我的分享，对大家有启发。

这是我的第一本书，之所以会开始动笔写书，首先要感谢这七年在国内的上千位在职工商管理硕士的学生们。若不是他们在育儿上有疑惑，不断鼓励和期盼我分享育儿观点和亲身案例，我可能没动力完成这本书。其次还要感谢一些长辈和专家们的建议和指正，以及许多弟兄姐妹们一路的鼓励和支持，包括陈娇，张炼，孙跃，刘奇鸣，马美俐，马昱，李杰，王莉园，胡婧，徐正，姚志铿，顾慧洁，张贵香，李剑，黄微微，金鸣。另外还要谢谢我们家的两个孩子，愿意分享他们的成长故事，我也很感恩有机会做他们的母亲，和他们一起学习、一起成长。最后也是最重要的，要感谢我的先生。我先生是美国的组织行为学博士，目前在国内知名商学院做组织管理学的教席教授。我们相识于大学校园，结婚已40多年，近几年经常在大学一起教高级工商管理硕士(EMBA)和金融工商管理硕士(FMBA)的课程。我们俩虽然性格迥异，却学会了彼此欣赏，互补共赢。没有我先生的激励和期许，以及一路的搭档和陪伴，我不可能在育儿上和事业上有今日的成就，他对这本书的贡献，非笔墨可以形容。

做父母的都希望把最好的给孩子们，但是金钱、资产都是会变的，只有家风和家教是一代传一代影响深远的，这本书也可以当成我们家的部分家族传承史，是我们给子孙后代最好的财富之一。希望看了这本书的年轻父母们，能够青出于蓝胜于蓝，写出更精彩的你们自己的家族传承史。

姚青萍

2019年夏写于上海

哈佛女儿读后感言

当你妈妈告诉你她正在写一本关于教养孩子的书，你就知道这会是个很个人的事。毕竟，父母和孩子共同创造了养育经验，而这些经历构成了所有父母和孩子一生参与的旅程——彼此的发现、理解、影响和尊重。这本书在很多方面讲述了我们家的旅程，它是一本关于我是如何被抚养长大的精彩回忆录，以及这些教养原则对今天的我产生的持久影响。我很感激自己是两个性格截然不同的父母养大的产品。我妈妈，她一直热衷于开发我哥哥和我的天赋潜能，而我爸爸，他坚信纪律和努力工作可以克服任何挑战。就像阴和阳一样，他们的养育方法使我能够认识、拥抱和利用我真实的自我天赋，同时我也被教导要有好品格和工作道德，如此才能有成效地发挥我的天赋优势，来提升我的学业、事业，并且可以祝福他人。在我的成长过程中，我并不总是理解父母教养方式的优点。但回顾过去，很显然，如果没有他们的指导和支持，我不会有钻石般的灿烂幸福，也不能享受如此丰盛而有益的职业和有意义的人生。

　　这本书里充满了欢乐、坦诚、温馨的真实故事，读者无疑会产生认同并受到鼓励；但它不仅仅是一本家庭回忆录，它也充满了心理学和管理学的理论和框架，全世界的企业领袖都依靠这些理论和框架来培养他们最优秀和最聪明的人才。这是一本独具洞察力的育儿书，它展示了如何将领导和管理心理学的原则应用于培养勇敢、创新和活出真我的孩子，同时，也确认了没有一个炼炉比做父母亲更能培养领导力；如果你像我一样，一位年轻的母亲，希望抚养孩子走在光明正道中，发挥孩子被神赐予的天赋潜能，并且希望孩子能以其独特的方式来对社会做出积极的贡献，那么这本书就是给你的。如果你像我一样，一位年轻的专业人士，正在寻求自己的成长和成熟，又想做一个优秀的领导者，来开发和重用下属最好的一面，那么这本书也是给你的。在你反思自己成长的过程中，愿你也对你的父母充满感激和赞赏，当你自己也做了父母后，踏上教养下一代的旅程时，希望这些感激和赞赏也能成为激励和鼓励你的源泉。

目　录

下篇 执行篇

上篇：概念篇

　　这里我只讲三个原则。第一个原则是，发现孩子独有的天赋；第二个原则是，培养孩子优秀的品格和能力；第三个原则是，做父母的要有智慧在职场工作和抚养教育孩子之间取得平衡。

第一个原则：发现孩子独有的天赋

我相信每个孩子都被赐予了独特的天赋，做父母的职责就是发现孩子的天赋，创造并提供环境，鼓励和支持孩子充分发挥他们的天赋，找到他们的激情和人生目的。如何知道每个孩子的天赋有何不同呢？

故事一：儿子有自闭症吗？父母没看懂

　　首先我先讲个我们家孩子个性不同的故事吧，这是第一个故事。我们家儿子两岁半的时候，他坐小马桶跟大部分小孩不同，他知道自己要坐马桶时，就赶快先去抓一本书。一面看书一面坐，看得津津有味，后来，我才发现他从小到大，如果不看书他会觉得日子难过。我们送他去幼儿园，发现他喜欢自己一个人在边上看书，自己玩积木，也不跟其他小朋友玩。我是个比较外向的人，心想不妙，我的儿子可能有自闭症，然后就带他去看心理医生，医生说他这是专注，将来是个做研究的好人才，是我做母亲的看不懂误会了。好在他父亲是个教授，平时多安静地专注于学术研究，和儿子个性相投，所以觉得这个儿子挺好的。后来儿子就因为喜欢念书、喜欢研究、好学不倦，从小就是大家眼中的学霸，学校的数学奖、科学奖、文学奖、社会科学奖、校长奖，他都有份。儿子六岁的时候，到他爸爸的办公室去，一看三面墙都是书，他就羡慕地说："我决定将来也要做教授，这样，我就可以把全世界的书都看完。"我当时以为其他小孩都是这样，后来，才知道是他的喜好很特别。

　　儿子在九岁暑假的时候，有一天和我说："妈妈我要学写电脑软件。"我是美国电脑硕士，心想别烦我，小孩子怎么可能学写电脑软件？要知道那是1988年时，很多人家里根本没电脑，只有大学念电脑专业的才会写电脑软件。可是他缠着我坚持要学，我只好应付地给他买了一个三美金的Turbo BASIC电脑编程工具，也没空教他，就让他看着操作手册自学。Turbo BASIC是当年给大学生或高中生用的很基础的电脑编程工具，没想到他真的把操作手册从头看到尾，自己学习、自己研究，那时候他五岁的妹妹正好在学二加三等于五的个位数加法，他就写了一个教他妹妹怎么做加法的小程式。如果他妹妹答对的话，他的小程序就会放一段很开心的调子；如果他妹妹答错的话，他的小程序就会放一段很忧伤的调子。因为效果不错，他信心大增，从此，对电脑的热情就没断过。他既然这么喜欢电脑，很自然地，他大学主修专业就选了电脑系。这也就是为什么到后来，他即使念的是医科和分子生物的双博士，等到最后做生物科技的科研工作时，他还是专注在用电脑编程来分析遗传基因的排序。后来，我为了教领导力开发课，学了一些心理测验的工具，就给儿子做了一次个性测试，测试报告出来的时候，才发现儿子原来是天生的"解决难题型"，是和爱因斯坦类似的个性类型，当然他没有爱因斯坦那么聪明厉害。我的意思是说，我这种和儿子个性几乎正相反的妈妈，要是当初自以为是，假借做父母的权威，老是按照自己的条条框框做标准来论断儿子和批评他，我就不会用谦卑和智慧的心去研究儿子有什么天赋，很可能他就被我给耽误了。所以我很感恩，能很早就被提醒并发现儿子独有的个性天赋，让我们也更支持他后来专业的选择。

故事二：女儿是多动症吗？父母有局限

现在讲讲我们家女儿的故事，这是第二个故事。女儿比他哥哥小四岁，她两岁半的时候听同样的故事，他哥哥当年听得津津有味、有问有答。可是这个妹妹却听得眼睛对着天花板转，然后就从小椅子上摔下来了。他爸爸以为这个女儿有毛病，要她坐在椅子上不准动，还用安全带把她绑在小椅子上，防止她掉下来。她内向的爸爸以为这个女儿是多动症，也带她去看心理医生，结果心理医生说她是活泼可爱、社交能力强、阳光型的人，是做父亲的看不懂搞错了。所以，我们做父母的要反思，每个孩子都有其被创造的美意，我们有的时候是不是因为自己的局限和自己的框框，看不懂儿女而耽误了他们呢？我们做父母的是不是要更谦卑、更开放呢？女儿两三岁的时候，我们也像对他哥哥一样给她很多书，但是她好动、坐不住，还说她看书看多了眼睛会瞎掉，后来我们才发现女儿的学习方式很特别，不是像他哥哥用读的，她是用听的、用唱的和用说的，特别是和一群人一起学习时更有劲。所以女儿从三岁起就爱在教会的儿童诗班里唱歌，一方面符合她的学习方式，一方面也启蒙了她一生对信仰的追随和对音乐的爱好。

女儿从小爱在人群中做领导。学校里面只要有歌剧公演，她经常唱女主角，学校里面有体育活动，她做啦啦队长，高中时，学校选校代表，因为人缘好，她还最高票当选。长大以后，按照她自己的个性和兴趣，很自然的，她大学主修专业就选了跟人有关系的心理学。她爱做领导，读研究所的时候，就念组织管理学的博士。在女儿16岁的时候，我也给她做了个性测试，报告出来的时候，发现她的类型是跟她哥哥几乎正相反，她是善于言辞的说服型，是和南非的曼德拉同一类型。她当然没曼德拉那么有成就，我只是说不要小看自己的孩子，只要好好培养，他们也可以走出一条自己的路。所以很感恩，因为很早就被提醒并且发现女儿独有的个性天赋，让我们也更支持她后来专业的选择。因为我们家两个孩子很不同，所以他们的选择也完全不一样，但是他们都被上天恩待，都活出了他们自己最亮丽的一面。

我讲这两个故事的重点是，我们夫妇不认为我们的孩子如何特别，许多孩子也非常有天赋，重点是如何教养他们。每个孩子都有无限的潜能，每个孩子被赐予的天性和别人完全不一样，千万不要把他们去个性化，不要把孩子一刀切，通通一样的养法、通通一样的标准、通通一样的选择，因为不因材施教、不能智慧地管理不同的天赋，很可能会耽误了他们的成长。

每个孩子的个性和喜好都不同

每个孩子的个性和喜好激情都不同，如何帮助天赋各异的孩子都成功呢？苹果手机创始人，史蒂夫·乔布斯（Steven Jobs）说过，成功的法则就是激情（Passion）——要爱你所做的事，不要妥协。

什么叫激情？激情就是对某些活动、对象或概念的强烈喜爱或渴望或投入。不同个性的人，激情也不一样，我相信每个人的激情都不一样，大家知道自己的激情吗？父母知道每个孩子独特的激情吗？管理学上也说，一个成功的人跟他的激情有很大的相关，有了激情之后，加上有能力、有时机，就可以增加成功的机会。在这世界上，特别是在中国这块土地上，太多有能力而肯努力的人。现在的中国机会又是空前的，只要用心把握住时机，机会也不是问题。最后一个元素就是激情，大家了解自己的激情吗？为什么我这里要特别强调激情的重要呢？因为从小，在中国的传统里，我们比较少被问或自问自己真正的需求、喜爱、兴趣、选择，假如所做的事没有满足一个人的真正的需求，就很难达到激情。讲到需求，有些人可能知道马斯洛(Maslow)的需求层级理论，他说我们要激励一个人，需要满足一个人不同层次的需要。从下往上，要先满足一个人身体的需要，比如说吃饱饭；其次满足一个人的安全感的需要，比如说不受威胁；再其次满足一个人的社交的需求，比如说被人接纳；再其次满足一个人的自尊的需要，比如说感觉自己有价值；最后要满足一个人的自我实现的需求，比如说充分发挥潜能来实现自己的理想。管理学研究发现，有激情的工作可以把人体天赋、潜能充分发挥，也就是达到所谓的自我实现，自我实现是人的种种需求的最高层次。

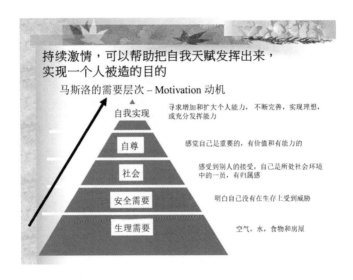

持续激情，可以帮助把自我天赋发挥出来，实现一个人被造的目的

马斯洛的需要层次 – Motivation 动机

自我实现 — 寻求增加和扩大个人能力，不断完善，实现理想，或充分发挥能力

自尊 — 感觉自己是重要的，有价值和有能力的

社会 — 感受到别人的接受，自己是所处社会环境中的一员，有归属感

安全需要 — 明白自己没有在生存上受到威胁

生理需要 — 空气，水，食物和房屋

什么叫自我实现？自我实现就是实现一个人的才能和潜力。这些才能和潜力是每个人的驱动力和需求。所以，我们要不断地、持续地做我们有激情、有潜力的事情，把我们自己的天赋才干和潜力充分发挥出来，追求完善、实现理想。请问把我们自己的天赋才干和潜力充分发挥出来干吗？不是荣耀我们自己，而是实现我们每一个人被创造的目的。我们先要知道自己被创造成这个独特的人的目的是什么，知道以后，才能向着标杆直跑，实现真正的自我。每个孩子都被赐予一个独特的天

赋，什么叫天赋？天赋的英文叫Gift，Gift就是礼物的意思，原文的意思是，上帝在每个人出生的时候，都预备了一个特别的礼物，只不过我们要打开礼物才能使用。做父母的职责就是发现自己孩子的天赋礼物，创造并提供一个环境来打开孩子的礼物，鼓励和支持孩子来充分发挥他们的天赋，来找到他们的激情、潜力和人生目的。所以发现孩子的激情和潜力是谁的责任呢？是父母的责任，也是我们做好父母角色该有的技能。所以望子成龙、望女成凤的父母们，想一想，做父母的你们是否了解孩子被造的目的呢？是否发现了孩子独特的天赋、激情和才干呢？下面举些例子吧。

孩子有激情的事，父母不见得了解。孩子做歌星梦，功课落下来怎么办？问这问题之前，想想看，有没有可能是没找到孩子的激情呢？这是第三个故事。我们家女儿从小爱唱歌、爱上舞台，三岁起就在儿童唱诗班唱歌，每逢节庆，她就跟着儿童唱诗班一起上台表演。她六七岁时，我们家刚买录影机，她要求我们帮她录影，她拿个小板凳放在家中客厅的壁炉前，站在板凳上，把全身压箱底的本事都拿出来，一口气一首接一首地唱了十多首歌，我们家的储藏室中至今还保留着她这卷天真可爱的录影带。后来小学、中学，甚至大学、研究所，她还是乐此不疲地在唱诗班中唱歌。女儿高一的时候，参加了两个合唱团，又自组了两个乐团，还创立了一些活动来引领推动全校的音乐艺术的氛围。当时女儿的梦想和激情是学李玟(Coco Lee)做歌星，因为她在学校公演的歌剧"吻我凯特"(Kiss Me Kate)中唱女主角，出尽风头，平日又外务太多，搞得她无法专心学习，功课自然就落下了。有一天，哈佛大学男子合唱团来学校公演，她很想去，但她爸爸认为不可助长靡靡之风，不准她去，她就快快地把功课做完，按照家规"做完功课就可以玩"，爸爸找不出更好的理由阻止，只好让她去。没想到，看完表演之后，她发现哈佛大学的学生聪明又会唱歌，才不是只会念书的闷蛋，她就立志要进哈佛大学。她自己设立了新目标，从此自动自发闭门念书，功课总算从有些科是"B"突飞猛进到后来的全"A"成绩。

说到激情，我想多讲一下女儿的故事。想起当年收到我们家女儿被哈佛大学录取的通知时，我和先生两人都非常意外。因为她的学术才能测验（SAT）分数虽然达到哈佛大学录取标准，但并不是最高的一批。她的高中成绩是立定志向以后，最后一年才拿到全A。她因为沟通力强，有做校代表和创立社团的领导经验。才艺方面，她从小就爱唱歌和弹琴，但是十几年来，除了唱歌和弹琴，还是唱歌和弹琴，对唱歌有激情但没拿过什么大奖。后来，在哈佛大学迎新会上，我有机会问了一下入学甄选委员，才发现哈佛大学看中的是女儿对唱歌的激情和执着，并不一定是外人以为做了许多各式各样的课外活动或者得了许多奖项，甄选委员说哈佛大学是培养领导人的地方，他们相信激情是一个领导人必备的素质。我就不禁想起，前面乔布斯说的，成功的法则就是激情，爱自己所做的事。所以，父母可以考虑用孩子的激情做切入点，来吸引他们深入学习，也许有顺水推舟之效。

故事四：喜欢打游戏怎么办？

讲到激情，有人问孩子喜欢打游戏，怎么办？这是第四个故事。想想看，父母是否可以引导孩子，让打游戏的激情成为一项专长呢？下面讲个我们家儿子沉迷于打游戏的故事。我们家儿子从9岁起就喜欢电脑，14岁的时候，打电脑游戏打到不吃、不喝、不睡，怎么办呢？他是成绩好，功课只要花少许时间就念得很好，留下的空闲很多，所以只要有时间，他就坐在电脑前面打游戏。我开始的办法是，只要抓到他在打游戏，就要他到外头跑步转一小时才能回来。后来，老是我抓他躲也不是办法。最后，我想到一个主意，既然他对打游戏这么有激情，那就挑战他能不能用电脑编程写一个游戏出来。结果在他14岁的时候，居然写了一个MUD（Multiple User Domain）Game 多用户虚拟空间游戏，现在流行的"王者荣耀"游戏不就是一群人一起打吗？MUD就是类似游戏的早期原型。当时儿子写的电脑游戏风靡了我们家附近的街坊，左邻右舍几十个小孩全部都加入他那个游戏中，在虚拟空间里面玩得不亦乐乎。我想，反正学学电脑编程也不错，总比在那边瞎玩好。

后来，他大学念电脑系的时候，他的同学说他不是人肉造的，而是用电脑晶片做成的，因为他的思路就跟电脑程序一样，难怪大学时拿电脑系第一名毕业。当时我问他为何电脑编程这么有天分，他说就是因为他从小写游戏、打游戏玩出来的。他拿了医学和分子生物双博士之后，就在顶尖的生物科技公司，领导一个研发部门，用人工智能分析基因大数据来诊断早期病变。他说因为小时候打游戏需要用算概率的技巧来找宝藏，这帮助他日后用概率来分析基因大数据，寻找病变的遗传基因。因此，小孩子有激情，父母要掌握机会挑战他，让他钻得更深和爬得更高，以他的激情切入来帮助他长大发展相关专业知识和能力。

激情和才干和一个人的优势有关。什么是优势？优势的字义就是潜力、能量、活力。有两位出名的学者叫伯金翰（Buckingham）和克里夫顿（Clifton），他们是"发现优势（Strength Finder）"的创始者。他们主张每个人都要发挥个人的优势，才能取得个人职业和团队的成功，假如做的事情，不是个人的优势的话，那就很难成功。哈佛商业评论里面有篇文章叫《做最棒的自己》，作者罗伯茨等人(Roberts, Spreitzer, etc.)说，别再苦苦弥补自己的弱点，要挖掘并利用自己的天赋，就能发挥出最大的才干，做最棒的自己。至于弱点，只要补到不妨碍成功就行了，因为再怎么努力补弱点，只能做到别人的一般水准。可是想要成功的话，则是要注重优点，因为一个人的天赋优点，只要努力开发，就能成为自己的强项优势，做到卓越了。所以做父母的，教养小孩，要鼓励他，发掘并利用孩子自己的天赋和优势，孩子就会发挥出最大的才干。最忌讳的就是，把自己的孩子跟别人家的孩子比，特别是把孩子的弱点跟人家小孩的强项比，大家可以想象结果会多糟糕了。

古人说"天生我材必有用"，说起来容易，做起来难。有些父母特别焦虑，看到隔壁家小孩上了重点学校或名校，就着急了，乱了脚步。因为海内外的华人非常注重孩子的教育，对孩子有高期望，并且要求孩子非常自律地努力学习。华人一般认为孩子是自己的一部分，既然孩子是父母的，父母心急孩子的学习成绩，就顾不上孩子的喜好和个性，经常会用父母的权威强迫孩子学习，把孩子当成实现自己未完成人生理想的工具。尊重孩子的个性和喜好是西方源自圣经的传统，圣经上说每一个人包括儿女都是神最好的创作，因为在孩子还没出生时，就已被赐予了一份独有的天赋，也被预备了一个独有的任务，要每一个孩子一生完成一个很独特的目的。孩子既然是神赐给父母的礼物，做父母的就要管理好神给的礼物（引自圣经，"儿女是耶和华（神）所赐的产业"）。所以不管是东方还是西方都认为管理好儿女这份工作，是我们人生最重要的事业之一。

用开放的心，发现孩子独特的天赋

现代中国父母和海外华人父母为何焦虑呢？因为他们既希望自己的教育有华人传统的儒家严格自律的教养方式的优点，又希望有西方的尊重个性天赋的开放教养方式的长处。如何中西合璧地教养儿女是个大难题。对大部分的华人父母而言，最大的挑战是做个性化的培育、发现和培养每个孩子的个性强项，因为对大部分的华人父母而言，这并不是他们从小长大的经验，这是我们要特别向西方学习的。正如我前面讲的故事，我们家儿子的个性强项跟女儿的个性强项完全不一样，我们当年也是不断学习如何融入西方的个性化的教育理念来培育儿女。此外，做父母的还要特别学习，如何带着信心、爱心跟盼望去发现孩子独特的天赋，因为既然孩子是神创造的，神就一定有最好的安排，做父母的要对孩子有信心和耐心。有些父母很着急地问，怎么看都没看到自己孩子有什么优点。想一想，有没有可能是父母亲自己的限制呢？我前面讲过了，我们家孩子小时候，因为个性和我们做父母的有差异，我先生看女儿看不懂，我看儿子也看不懂，问题出在哪儿？出在我们自己，我们自己的局限，我们的自以为是啊！

有一个人叫刘大伟（Davy Liu），他在台湾TED有个著名的演讲（2013 http://www.youtube.com/watch?v=Lm4vgG-Oloo；TED 演讲是美国的一家非营利组织的大会，这个会议的宗旨是"传播一切值得传播的创意"）。刘大伟说，他自己从小就喜欢画漫画，但功课不好，老师对他的学习成绩几乎放弃。一直到他高中的时候，有幸碰到一个美术老师，才发现他原来是一个漫画天才，从此以后，他就开始相信自己，朝着他的激情努力。他现在在动画界很有名，自己也开创了一个有规模的动画事业。他说："每个小孩都有无限的可能，请千万千万用正面的方式鼓励他，父母要用心找孩子生命里的钻石，他就会想尽办法琢磨自己，发出闪耀耀人的光芒。幸运与才华在任何小孩生命都有可能，只要我们不再把钻石当作玻璃珠。"想一想，做父母的是要把自己的孩子，当成玻璃珠还是钻石呢？

《管理自己》（Managing Oneself），这篇文章是我的最爱，是管理大师彼得·德鲁克（Peter Drucker）写的。我要求我所有的学生都要念这篇文章，文章很短，可是言简意赅、一生受用。在这篇文章里，德鲁克说："只有当你运用了你的强项，你才能取得真正的而且长久的卓越（excellence）。"他是当代提出要发挥一个人优势强项的先驱学者。他又说："能在知识经济中获得成功的，是那些清楚明白自己的人：自己的强项、自己的价值观，以及自己如何能发挥得最好。"他说的那些成功的人，也就是我前面说的那些达到自我实现的人。大家可能会问，我们都30岁左右了，怎么会不知道自己的优势强项呢？其实，很多人是不太知道的。比方说，我年轻的时候也不知道我自己的优势强项，常常跟着大家，觉得哪个专业好，容易赚钱就跟着走，没搞清楚自己的方向，后来碰了一头包，才知道原来我的强项不是我当时正在做的工作，后来，我才转个方向，开始运用我被赐的天赋才干和优势强项，加上努力和时机，最后才取得真正的而且长久的幸福和成功。鉴于此，我从我们家孩子十岁开始，就点出他们不同的优势强项。我希望做父母的能早点告诉自己的孩子，他的优势强项是什么，免得他走冤枉路，后面会讲，做父母的如果不清楚自己孩子的天赋才干，可以请教专家。

德鲁克说，现在已经不再有人可以替我们安排事业，所以每个人要做自己事业的CEO（首席执行官）。教养孩子也是如此，孩子需要知道他自己的优势强项是什么，他的弱点是什么，才知道他自己未来的方向。德鲁克又说："从不胜任提高到普通，所需花费的精力，要比从优良提高到卓越，所需花费的多得多。"一个人的弱项，再怎么努力，只能做到一般。可是一个人的强项，是特别的恩赐和天赋才干，只要努力就可以做到出类拔萃。"不要试图改变自我，因为这样你不太可能成功，但是你应该努力改进你的工作方式和纠正不良习惯。"德鲁克所谓的"不改变自我"，是不要改变自己的个性、自己的天赋、自己的激情、自己的才干，不是说自己的坏习惯不要改变，比方说没有礼貌、自私自利、不负责任、敷衍了事、偷懒、说谎、骂人、打架、偷窃、没有公德心，这些坏习惯是会妨碍成功的，所以要从小纠正。

我认为前面德鲁克讲的管理自己，也可用来作为管理自己孩子的策略。做父母的，要从小观察孩子，好好研究孩子的优势强项是什么？每个人的优势强项不同，就如个性不同一样。在当今知识爆炸的时代，如何快速又有效地学习非常重要，但是每个人的学习方式，就像个性也是不同的。做父母的要了解孩子通过什么方式学习效果最好。到底孩子是阅读型？或是聆听型？或是实践型？还是写作型？小孩不愿意好好专心学习怎么办？在对不专心看书的孩子生气以前，要先想一想，会不会是自己不了解孩子的学习方式不同呢？

故事五：不爱看书坐不住怎么办?

不爱看书坐不住的小孩怎么办? 这是第五个故事。我们家女儿小时候不爱看书,不像她哥哥只要给他几本书,就坐在那里看得不亦乐乎。后来我才发现,儿子是阅读型的,难怪他两岁半坐马桶都要抱本书。女儿是聆听型的,聆听型的孩子学习不是用读的。女儿上小学一年级时,家庭作业是要背课本。我逼她背,可是她坐不住看书。那怎么办呢? 我当时心生一计,她既然喜欢唱歌,不如就给她一个录音机,让她边唱边学,结果女儿就把整个课文编了一首歌,从头唱到尾。又录、又唱、又听,开心得很,不费力气地,她就把全课都背好了。原来女儿的学习方式是用听的,用唱的,不是用读的。后来,女儿十岁时,学校公演"音乐之声(Sound of Music)",她在两小时的歌舞剧中唱女主角,想想看,要背的歌词对一个十岁的孩子多得不得了,可是她从头到尾,歌词都没忘掉,也没记错场景。从此,我就有领悟了,每次女儿要学一个新概念之前,要用聆听型的学习方式启发。比方说,宇宙、星球、历史、地理,我会和她先去图书馆借影片，用多媒体的方式吸引她的兴趣，一旦提起了兴趣，她就可以看书学习了。所以每一个孩子的学习方式真是很不一样，在责怪孩子以前，想一想是不是我们做父母的自己有偏见，我们自己有没有花时间从小观察和了解孩子独特的学习方式呢？

故事六：打架咬人怎么办？她要为团体出头

有人问打架咬人的孩子怎么办？这是第六个故事。我们家女儿三岁的时候，幼儿园的老师说她在玩秋千的时候，咬了一个小女孩。我们觉得很尴尬，回家问她为什么咬人，没想到她说，那个小女孩霸占秋千不肯下来，后面许多小孩都在排队着急地等，女儿打抱不平，就用嘴把那个不讲道理的小女孩咬下来了。那时我们才知道，她原来是想做领导，替团队伸张正义，只是手段不对。了解了她的动机后，我就教她，一样是用口，但是要用口来沟通、来影响人，要用文明的方式来领导人，不是用暴力来咬人、压人。后来，她一路在学校都做小领导，长大了，她的善于言辞和说服力成了她在大学教书和写论文的强项，这可能和我很早就发现她的天赋才干，并且培养她正确的沟通和领导力有关。

从小观察你的孩子/MBTI个性类型

讲到这里，许多人就会问，用什么工具来了解孩子的特性呢？孙子说："知己知彼，百战不殆"，了解别人的人有力量，了解自己的人更有力量。但是怎样有系统地了解自己和他人呢？

这里我先推荐一个工具——迈尔斯布里格斯类型指标(MBTI)，给大家参考。MBTI测试是我教书时，常用来做个性分析的，MBTI性格测试是全球最为流行的人格评估工具，是一种对个性的判断和分析的理论模型，MBTI从复杂的个性特征中，归纳出四个关键要素：动力来源、信息收集方式、决策考虑方式、生活方式用这四个要素来进行分析，把不同个性的人区别开来。MBTI将这四个关键要素分成四个维度，每个维度有两个方向，第一个维度是外向（E）或内向（I），第二个维度是实感（S）或直觉（N），第三个维度是思考（T）或情感（F），第四个维度是计划（J）或 应变（P）。所以

MBTI一共可以有16种类型组合，比方说，ISTJ，INTJ，ESFP，ENFP，等等16种类型。

MBTI个性类型的四个维度分别是：

- 动力来源的偏好：

  喜欢来自外部的动力-外向（E，Extroversion）或

  喜欢来自内部的动力-内向（I，Introversion）

- 信息收集方式的偏好：

  喜欢靠具体实感（S，Sensing）或

  喜欢靠直觉想象（N，Intuition）

- 作决策考虑的偏好：

  喜欢用理性思考（T，Thinking）或

  喜欢用感性考虑人的情感（F，Feeling）

- 生活方式的偏好：

  喜欢用计划（J，Judging）或

  喜欢用应变（P，Perceiving）

MBTI 四个维度

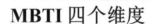

(E) Extroversion 外向 —— 动力来源的偏好 —— (I) Introversion 内向

(S) Sensing 实感 —— 收集信息的偏好 —— (N) iNtuition 直觉

(T) Thinking 思考 —— 作决策考虑的偏好 —— (F) Feeling 情感

(J) Judging 计划 —— 生活方式的偏好 —— (P) Perceiving 应变

个性是先天和后天交织出来的产品，个性有不同，但是个性没有好或不好。古人说："行行出状元"，事实上每种类型都可以做领导，只是做不同类型的领导，MBTI也相信，每一种个性类型都可以成功。我做领导力开发多年，发现企业高管中，MBTI 16种个性类型都有，都可以成功，只是每种类型的领导风格不同，每种类型的人对组织都有其特别的贡献。MBTI的创始人开发了这个工具，就是希望帮助所有想要更好运用自己天赋的人。

除了开发个性化的领导力，MBTI也是一个很好的团队建设的工具。现代的团队，特别是跨功能部门的团队，因为彼此的个性和做事风格不同，特别难一起合作。比方讲，组织里有销售部、财务部、工程部、市场部、研发部，以及客服部等等，部门和部门之间不只是功能不同、专业不同，很多时候个性也不同。因为研究发现，不同个性的人，喜欢选择不同的专业；特定的专业，可能会聚集更多特定个性的人在特定的部门。那么，跨功能部门的人，彼此个性不合、沟通不良，似乎就变得不那么奇怪了，难怪古人会说"隔行如隔山"。但是一个部门要把事情做好，又不能不借用其他部门的专长。如何让个性不同的人既能分工合作，又能把每个人的天赋强项都发挥出来，达到互补共赢呢？这是领导团队特别是领导跨功能团队的难题。人的天性是物以类聚，喜欢和志趣相投的人在一起，要让不同个性的人在一起团队合作，并不自然，是必须通过后天学习的。MBTI可以帮助团员识别每一个人的个性，帮助团员认可每一种个性类型的优点，而且帮助不同个性的人彼此欣赏和接纳，如此可以提升整个团队的包容性和多样性的能力。所以团队就像一个人的身体，是许多不同功能的肢体部位组成的，必须各个部位分工合作，整个身体才能运作。（引自圣经，"肢体是多的，身子却是一个，眼不能对手说，我用不着你"，"若全身是眼，从哪里听声呢？"）

不同MBTI个性类型的人，在工作环境中，用不同的做事风格，来对组织做出不同的贡献：

● 外向型人（E）喜欢小组交流，在讨论中形成自己的观点，通过谈话和工作了解新任务，喜欢和人交流，行动派，对长时间的、缓慢的工作总是没有耐心。组织中需要有人多做对外打交道的工作，外向型的人在这方面特别胜任。

● 内向型人（I）喜欢书面交流，自行形成他们的观点，通过阅读和思考了解新任务，喜欢关注于一个任务，独自完成任务不被打扰，安静、专注，不介意长时间地做一项工作。组织中需要有人多做安静专注的工作，内向型的人在这方面特别胜任。

● 实感型人（S）关注眼前的事务，喜欢通过细致的调整不断完善标准的做事方式，用现实实用的观点看待问题，很少相信灵感，依据自己和他人的经验办事。组织中需要有人多做面对现实、具体实用的工作，实感型的人在这方面特别胜任。

● 直觉型人(N)按自己的灵感行事，喜欢解决新的复杂问题，看到事物的联系和意义，可能会突然得出结论，探寻解决问题的新办法。组织中需要有人多做面对新的问题，联想新的解决办法，直觉型的人在这方面特别胜任。

● 思考型人(T)注重任务，用逻辑分析来理解和决策，适时地做出评论，公平地对待别人，也需要别人公平地对待自己，始终如一地采用一定的原则。组织中需要在做决策时，多考虑理性分析和公平原则，思考型的人在这方面特别胜任。

● 情感型人(F)注重人与人之间的互动，用价值观来理解和做决策，喜欢宽容并达成一致，不喜欢告诉别人不高兴的事情，始终如一地贯彻其价值观。组织中需要在做决策时，多考虑做的决策如何影响别人的感受，情感型的人在这方面特别胜任。

● 计划型人(J)注重按时完成任务，喜欢早点让事情定下来并结束，制订工作计划并按照计划行事，不喜欢在项目进程中被打断，制定目标并为达到目标而工作。组织中需要有人多做计划，并按照计划执行工作，计划型的人在这方面特别胜任。

● 应变型人（P）喜欢即兴行事，喜欢在出现新信息时重新审定决策，喜欢事情不断变化，会同时展开一个项目的多项任务，希望工作方式具有灵活性。组织中需要在计划追不上变化时，有人多做灵机应变和危机处理的工作，应变型的人在这方面特别胜任。

总而言之，天生我材必有用，一个人要成功，必须了解自己的个性爱好，发挥自己的激情，找到对的地方、对的时机，再配合必要的专业技能、知识和才干，就可以大大增加成功的概率了。即使没有好机会，事业上无法有最好的发挥，孩子还是能找到自己最擅长、最令自己满意的工作。同样的，一个团队要成功，每个队员必须学会知己知彼，合作共赢。我特别声明，MBTI测试，不到15岁不要做，因为小孩子15岁以后，个性类型才比较稳定。小孩子14岁以前个性比较有弹性，父母可以偏重小孩的全人培育，15岁以后孩子个性倾向比较明显，自我意识和主见也比较高，父母则要像大禹治水一样，不要用强逼硬堵，而是要顺着水势疏导，顺着孩子的个性来培育。有人可能会追问，那用什么工具来了解小小孩的特性呢？那就要用观察法，父母自己的观察加上孩子周遭人的观察，比如说老师、保姆的观察。或者请心理医生、儿童教育专家来评估，也可请私人教练做跟踪辅导。其实小孩一两岁时，就可以看出习性不同，父母也不用太紧张。

如何管理个性的冲突？冲突管理模式

不同个性的人在一起，各自发挥优势，有好处，但是也有挑战。企业大组织如此，家庭小组织也是如此。下面我要讲一下如何管理不同个性的冲突，不同的个性，管理得好，能够做到尊重彼此的个性差异和每个人的优势，就可以做到扬长互补、创新共赢；管理得不好，就可能造成关系冲突、绩效不好。像前面提到的，不同个性的人一起共事，很自然地会有个性冲突。家庭就是一个小组织，最常听到的，就是因个性不合而造成夫妻之间的矛盾和亲子之间的矛盾，所以学会管理不同个性的冲突，至关重要。

因为世界上没有两个人有完全一样的期望、需要和个性，在我们和别人相处中，产生冲突是很自然的。既然冲突是人际关系的自然现象，如何管理冲突就十分重要。管理学中有一个著名的冲突管理模式，即由汤马斯和基尔曼(Thomas & Kilmann)首创的五种管理冲突模式，这五种模式可用"坚持自己"的高低，和"与人合作"的高低来说明不同模式之间的差异。

1.逃避 Avoiding

不坚持自己，也与人不合作；搁置冲突，从中退出。

2.你赢 Accommodating

不坚持自己，与人合作；求和谐，配合他人的利益。

3.我赢 Competing

坚持自己，不与人合作；只顾追求自己的利益。

4.妥协 Compromising

部分坚持自己，部分与人合作；只满足双方的部分利益。

5.共赢 Collaborating

坚持自己，也与人合作；满足双方全部的利益。

管理个性冲突的模式

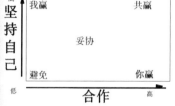

高　坚持自己　低

我赢　　　　　共赢

妥协

避免　　　　　你赢

合作　　高

汤马斯和基尔曼的五种管理冲突模式

　　第一种管理冲突方式只是把冲突暂时搁置，没有解决冲突问题。第二种方式是委曲求全，牺牲自己，配合别人的需要，久而久之忍无可忍，就可能爆发更大的冲突。第三种方式是强迫别人听自己的，自己最重要，短期或许能够达到目的，但是长期来看可能引发别人的不满。第四种方式是双方都让步，并没有达到彼此所有的需要，彼此心里仍然有些不满，算是双输。第五种方式是双方共同面对问题，一起讨论，想出理想的解决办法，满足双方全部的需要。研究发现，在人际关系上，第五种方式是最有效的。第五种方式是双赢，彼此一起面对问题，从不同角度看事情，一起商量出双方都满意的解决办法。温馨幸福的家庭气氛是一个家庭最宝贵的资产，因为家庭是对抗外界压力的避风港，所以在家庭中，如何用第五种方式，使夫妻和亲子之间达到共赢和谐的关系是至为重要的。共赢说起来容易，做起来很难。特别是个性背景不同的人生活在一起，如何一方面发挥每个人的个性和优势，一方面又能合作共赢呢？

讲如何共赢之前，我们先看看，冲突到底是好还是不好？答案是，要看是哪一种类型的冲突。冲突有两种，一种是和事务有关的任务冲突，一种是和人际有关的关系冲突。管理学的研究发现，在团队活动中，适度的任务冲突，比方讲，大家对事不对人，提出不同的看法，可以减低盲从和决策失误，可以帮助团队更好地解决问题而且促进团队创新。同时研究也发现，关系冲突，比方讲个性冲突，造成的人际关系焦虑和紧张，彼此看不顺眼，会导致团队绩效下降。所以有效地管理个性冲突至关重要。

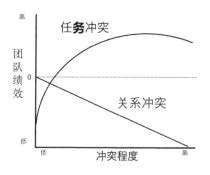

冲突对团队绩效的影响

团队绩效

高

0

低

冲突程度

低　　　　　　　　　　高

任务冲突

关系冲突

如前面提过的，一般来讲我们倾向和自己个性和观点类似的人在一起，物以类聚，这是人之常情。可是很多时候，反而是和我们想法和个性不同的人，可以帮助我们走出自己的视角盲区，扩大我们的思路空间。特别在面对我们自己的短板时，我们不可能把自己完全变成一个不是我们的人，所以最快的办法可能是和自己不同的人合作，来弥补我们的弱点和盲点，辅助我们成功。如何知人善用，特别是接纳和欣赏和自己不同的人？这非常不容易，但却是一个需要我们终身努力学习的功课。我们一定要谦卑下来，才会承认自己有局限，才能真正尊重不同的个性、听进不同的想法，才能真正的看重他人、欣赏他人。这个道理中西皆通，华人一向强调谦谦君子，圣经也要我们"存心谦卑""要看别人比自己强"。因此，在家庭当中，我们要学习欣赏和自己个性不同的配偶和孩子，自己也要努力纠正自己的不良习惯，来减低彼此的个性冲突。

下面我要用MBTI的类型图来进一步说明如何管理不同的个性。MBTI的类型图是个四乘四的图，把人的个性分成十六种类，有兴趣了解16种类个性详情或想做MBTI正版测试的人，可参考Skill & Will机构的网站，www.skillandwill.com。一般来讲，在MBTI的个性类型图中，彼此MBTI类型越靠近的人，是比较相似而且比较能互相了解的人。就是在图中的空间位置相近或一样的人，比方讲，都是INFP型，或者在其上下左右靠近的人，INFP旁边的INFJ，ISFP，INTP，ENFP，等等。反之，彼此MBTI类型越远的人，是非常不类似而且非常不易互相了解的。就是在图中的空间位置很远，甚至每个类型字母正相反的人，比方讲，INFP 的正相反是ESTJ。

研究证明两个人个性差太远，容易沟通不良，彼此误解，引起冲突。但是危机也是"商机"，只要冲突管理得当，反而是完全互补的强强联手。

家庭中，管理不同 个性类型的三部曲：
行行出状元 =》个性冲突 =》扬长互补，创新共赢

ISTJ 擅长组织	ISFJ 注重完成任务	INFJ 鼓舞性的领导和追随者	INTJ 独立思考者
ISTP 动手去做	ISFP 行动重于言辞	INFP 理想主义者 使生活平和优雅	INTP 擅长解决问题
ESTP 讲究实际 专注即时效益	ESFP 讲究工作乐趣	ENFP 注重于人	ENTP 注重于过程
ESTJ 擅长执行	ESFJ 每个人都是值得信赖的朋友	ENFJ 善于言辞 说服者	ENTJ 乐于领导

MBTI的类型图

故事七：夫妻个性相反，如何搭配？

　　组织里有不同的个性，家庭中也是如此。我举个例子，这是第七个故事。讲个我们家的不同个性的故事。我先生是INTJ独立思考型，是在MBTI类型图中的右上角，我儿子是INTP擅长解决难题型，两个人在MBTI类型图中是隔壁类型只差一个字母，所以难怪老爸怎么看这个儿子怎么顺眼。和我先生INTJ每个字母恰恰相反的我是ESFP，讲究工作乐趣型，是在图中偏左下角，不但和儿子类型离得比较远，而且几乎是正相反的类型，难怪我看这个儿子小时候，以为他有自闭症。我女儿是ENFJ善于言辞的说服者型，类型和我很接近，所以我怎么看这个女儿，都觉得她活泼可爱，挺好的。相对的，女儿和老爸的类型差异比较大，难怪我先生看女儿小时候，以为她有多动症。个性测试可以帮助我们预期有多少个性冲突，然后预备好自己，要用开放而正面的心态来管理冲突。我跟我先生的个性类型是正相反，没有一个字母是一样的，有好处也有挑战。好处是我们是百分之百完全互补，他的强项正好能够弥补我的弱点，我的强项也正好能够弥补他的弱点，我们在婚姻中、教养孩子上、事业上，是互补双赢的最好搭档。2018年我们庆祝结婚40周年，现在两人还在大学同台教书，如此不同个性的人，40多年后还能够对彼此说"有你真好"，真是神的恩典。反观，我们的挑战是什么呢？如此不同个性，经常是鸡同鸭讲。好在我和先生都是基督徒，有相同的信仰，每周去教堂听训自省，平日读经祷告，学习修身养性，改变对方太难，还是改变自己比较快。我们夫妇又都是学管理的，也都有心理学的背景，我们知道，如此不同个性的人在一起相处，我们需要花在彼此沟通的时间和努力是别人的双倍有余，所以40年来我们坚持一定要在一起，如此才能有足够的时间沟通、沟通，再沟通。在我们家有个笑话，我们夫妇如果有不同的意见是关起房门激烈沟通，不是吵架。只要我们夫妇敬畏上帝，心存谦卑，彼此相爱，沟通可以激烈，但不要生气吵架。

故事八：夫妻个性相同，如何搭配？

有人问那么夫妻是同一种类型的，不就好了吗？

那我讲一对夫妇都是同一种类型的故事吧，这是第八个故事。有一对夫妇，是标准的夫唱妇随、彼此顺服的恩爱夫妻。在他们家不会闹矛盾的，丈夫说什么，妻子就拍手叫好，妻子说什么，丈夫说就是他的意思，真是令人羡慕。可是他们的挑战在哪里？他们两位都是在MBTI的类型图的左上方的ISFJ注重完成任务类型，他们家的老大是儿子，是左上方的ISTP动手去做的类型，他们家的老二是女儿，是在右下方的ENFP注重于人的类型。请问一下，父母亲比较容易了解谁？喜欢谁？当然是在MBTI的类型图和父母比较靠近的儿子，对在MBTI的类型图和父母比较远的女儿，较难了解和接受。这个女儿到了青春期特别叛逆，她说她真的不知道为什么生在这个家里，爸爸、妈妈、哥哥全部都把她当成坏蛋和异类，那时这个女儿几乎都快离家出走了。我被紧急召唤到他们家去调解，到了他们家，我先帮他们全家四口测试MBTI，看了报告之后，我就私下跟他们夫妻讲，"你们做父母的可能有错，你们没看懂自己的女儿"。我就用MBTI的报告来分析他们全家人的互动，并讲解如何了解个性差异和包容不同。从此以后，这对夫妻就谦卑下来，真心接纳女儿的个性差异，和女儿和好。他们的女儿，也因为父母亲的改变，完全反转，现在是个非常贴心的女儿，而且还是一所美国名校的毕业生。

有人会追着问，那么夫妻是同一类型的好，还是不同类型的好？我的答案是都好，要看大家如何管理相同和不同的个性。如果先生和太太个性不一样的话，要恭喜！因为不管生的孩子是哪一种类型，父母当中一定有一个人和孩子的个性比较接近，可以了解他、支持他。而且父母个性类型不同，可以让孩子认识世界上还有这么多不同想法的人，会增加孩子的包容度和开放的心。如果夫妻是同一类型，也要恭喜！先生说东、太太也说东，太太说西、先生也说西，夫唱妇随、相亲相爱，真是美煞旁人的一对鸳鸯。可是会不会有短板？会不会夫妻俩一起盲从，一起做错决策？会不会一起掉到坑里都不知道？像前面我们家的例子，假如我跟我先生是同一种INTJ的独立思考类型，彼此会少些分歧，但是也会少很多不同的观点，就比较难以了解我们家这个ENFJ活泼好动、善于言辞的女儿。假如我先生跟我是同一种ESFP的讲究工作乐趣类型，彼此会少掉很多不必要的误解，但是我们家这个INTP解决难题的儿子会好可怜，全家没人了解他。

总之，父母儿女可以是不同个性类型，也可以是相似类型，重点不是类似不类似，而是我们自己的修养，不要老是认为自己的想法和行为一定对。做父母的，也千万别把钻石的儿女当成玻璃珠，即使看不懂，起码要放低身段，谦卑自己，尊重对方，即使对儿女也应该如此。

　　迪克·理查森说："我和你确实不同，你我因此而多么幸运"。职场的年轻父母，如果在家中能练好接纳儿女的不同个性，去到企业组织，在工作当中，如果遇到和自己个性作风很不同的同事、上司、下属，或客户，也能有谦卑的心，接纳异己，自己就能有古人说的"宰相肚里能撑船"的领袖高度和气度了。

第二个原则：培养孩子优秀的品格和能力

　　天赋才干的优势要开发，但也要培养孩子的品格和能力。孩子需要父母的爱和陪伴，也需要父母的管教和帮助。培养品格，有三个重点。培养能力也有三个重点。这里先讲培养品格，再讲能力。

品格：培养孩子什么品格？

品格又称为品德，是一个概括词。品格是一个人的本质，是一个内在的力量，品格决定了一个人如何回应人生处境。现代父母希望孩子品学兼优、德智体群兼备（品德，智力，体能，合群），同时有正面、积极的价值观。要培养孩子哪些品格呢？中国传统强调仁、义、礼、智、信，还有中国人优秀文化传统遗留下来的许多美德，例如勤奋、简朴、负责、有礼貌等等好习惯。西方强调"圣灵的果子"（引自圣经"既有仁爱、喜乐、和平、忍耐，又有恩慈、良善、信实、温柔、节制"的美德），还有勇敢、公义、智慧、尊重等等，都很有道理。这个二三十年的树人工作，父母经常是心有余而力不足。管过头，造成亲子关系紧张；管太松，孩子长大了品格出问题。年轻的父母往往不知所从，经常为了管教力度的松紧而纠结，有时弄得夫妻意见不合甚至吵架。

组织里，做领导的也有督导下属的责任，管太严了，下属不满甚至跳槽；管太松了，组织没有纪律，一盘散沙没有绩效。我这里想借用几个管理学如何管理员工的观点，来讨论如何塑造和培养儿女的品格和能力，希望对大家有些启发。

重点1：以身作则

　　父母要以身作则才能潜移默化塑造孩子的品格。父母要影响孩子的生命，自己的生命也要成熟，且要不断成长，才能用生命影响生命。孩子眼睛是雪亮的，把父母的言行全看在眼里。有时父母不好的价值观或行为，在不经意当中，成了孩子的榜样。曾经听过这样一个故事，有个小孩在学校偷同学的铅笔，被老师发现告诉了孩子的爸爸。爸爸觉得孩子在学校偷东西很没面子，回家把孩子痛骂了一顿，最后对孩子说："以后再也不准偷同学的铅笔了，你需要铅笔，爸爸到办公室给你拿，要多少有多少。"这个爸爸骂孩子偷东西，自己却去挪用办公室的公物，如此的言行不一，如何让孩子信服呢？所以父母希望孩子有好品格，自己首先要做好榜样。

每个孩子都会有时在有意无意中太自我中心而伤害了他人，假如孩子能勇于承认自己的错误向对方道歉，改过自新，孩子的品格就会不断地进步。如何教导孩子做错道歉的习惯？最好的办法就是：父母自己对不起孩子，就以身作则地向孩子道歉。

以身作则

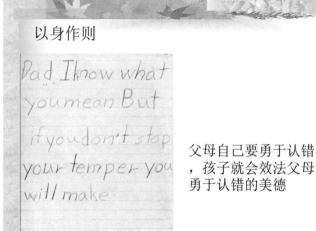

父母自己要勇于认错，孩子就会效法父母勇于认错的美德

故事九：女儿为哥哥伸张正义，爸爸认错

这是第九个故事。女儿七岁的时候，有一次，她爸爸冤枉了她哥哥，不明就里地骂了她哥哥一顿。女儿看到了，很生气，就跑到房间里面写"陈情表"。她一面哭一面写道："爸爸，我知道你的意思。但是，如果你不停止发脾气，你会使我……"七岁的时候，还不会写太多字，她意思是她要离家出走，这个家她待不下去了。她爸爸后来仔细琢磨，发现冤枉了她哥哥。女儿这么小就会伸张正义写陈情表，她爸爸觉得勇气可嘉，也赞许她，就当着她的面，跟她哥哥道歉，也跟她道歉。所以做父母的，不能说我们永远是对的。如果父母犯错，就应该以身作则，跟儿女道歉。圣经说："不要惹儿女的气"，就是提醒父母不要用权威压人，要讲道理，自己勇于认错，孩子将来也会效法父母，有勇于认错的美德。

重点2：奖励好品格，多赞扬、少处罚

父母是孩子生命中的第一对领导。我们作为领导的，最重要的工作就是有效地影响下属，共同达成团队的目标。作为儿女的领导，我们是用什么方式来影响孩子呢？管理学家奥兰德、库伯和鲁宾（Oslandd, Kolb and Rubin）提出几种影响人的策略，我们是否有意无意、多多少少也用了其中的几种策略来影响孩子呢？

1. 赞扬。友好、嘉奖、迎合，比如，奖励孩子的好品格、好表现。
2. 理性说服。用事实、逻辑推理等非情绪化的方式说服，比如，孩子犯错，要了解孩子犯错的理由，再用推理的方式说服，让孩子心服口服，学到道理。
3. 咨询。让对方参与计划和决定，比如，父母可以备有几个选项，让孩子来选择穿什么衣服，去哪里玩，参与哪些课外活动。
4. 鼓舞人心的呼吁。唤起对价值、理想、抱负的热情，比如，激励孩子努力，是为了光宗耀祖、贡献社会、报效国家、世界和平等等。

5.个人诉求。诉诸彼此的感情达成一致，比如，让孩子了解努力读书学习，能使爸妈非常开心和引以为荣。

6.交换。为了完成任务而互惠互利，比如，孩子乖乖做完功课，妈妈带孩子出去玩。

7.压力。用威胁、惩罚等外在压力，比如，用禁足来警告孩子要听话，不要犯规。

8.诉诸更高的权威。比如，要孩子做件不愿意做的事，用警察权威来威吓。

大家觉得哪几种最有效？哪几种最无效？根据奥兰德、库伯和鲁宾的研究，前六种策略是属于软的影响策略，后两种策略是属于硬的影响策略。前六种软的影响策略——赞扬、理性说服、咨询、鼓舞人心的呼吁、个人诉求，交换，比较可以得到对方的承诺、委身和服从。相对的，后两种硬的影响策略——第七种，用压力、威胁、惩罚来影响，短期可能达到目的，但是会激起对方的反感和抵抗，孩子长大就不吃这一套了，所以有长期隐忧。第八种，是诉诸更高的权威，用更高的权威、传统或规则来影响，短期可能达到目的，但是对方只是勉力服从，不是心悦诚服，将来也可能有隐患，孩子长大就我行我素了。硬的影响策略会造成反效果，即使有效也是短期的，软的影响策略是比较长期有效的，所以管教儿女、影响孩子要尽量用软的影响力。在工作中，领导团队和影响下属也是如此。下面我来举两个例子，说明如何用赞扬、理性说服等的软性影响力，来培养孩子的好品格。

要奖励好品格

多用软的，少用硬的

硬的影响策略　　　　软的影响策略

压力
诉诸更高的权威

赞扬
理性说服
咨询
鼓舞人心的呼吁
个人诉求
交换

抵抗　　服从　　承诺

故事十：奖励孩子简朴节制的好品格

　　孩子有好的品格和好的表现要赞扬和奖励，如何奖励也很重要。这是第十个故事。我们家不发零用钱，免得他们养成不劳而获的坏习惯，孩子想要有零用钱，必须要有好行为、好品格。比方讲，帮忙照顾妹妹、帮忙打扫、得了奖或者期末成绩优良(我们家的奖学金计算方式，是每个A用一元美金乘以年级，所以小一的每个A，得一元美元，小二的每个A，得二元美元，小三的每个A，得三美元，如此类推)。有了赚钱的方法，我们同时也教孩子存钱和省钱，以及简单的理财观念。我们主张简朴生活，基本上要孩子活得简单，能用现成的，就不花钱去买，要学习节制欲望，真要买，一般也不买名牌，孩子在旁边也很早学到要买就要买性价比高的产品。所以，我们会优先考虑送孩子去好的公立学校，他们去读研时，儿子的生物学博士和女儿的博士，都有全额奖学金供应。美国医学院医科竞争十分激烈，一般是没有奖学金的，大部分人拿到医学博士学位时，大都是债务满身。儿子在哈佛医科第一年表现优异，第二年之后也拿到全额奖学金，这也是我们从小教他们努力，要尽量用性价比高的资源的影响。我们孩子从小节俭惯了，发现不花钱也可以很快乐和做成许多事，所以长大后选择职业时，也可以根据自己的兴趣和理想更自由地选择。只要能经济独立，反正少赚一点就少花一点，他们不被金钱捆绑，反而能过有意义的人生得到幸福和自由。另一方面，省下多余的钱，还可以帮助有需要的人，更早领悟到"施比受更为有福"的喜乐。

奖励也有方法的。在教养孩子时，要分清楚奖励与贿赂不同。贿赂是孩子违抗父母，父母用奖赏的方式来试图改变孩子的坏行为。比方讲，孩子在店中要买玩具，不买就哭闹、耍赖，不肯回家。父母说："乖乖听话，回家有糖吃。"结果坏行为不但没纠正，还奖励了孩子下次再无理哭闹。奖励是用来对孩子的好行为、好品格给予鼓励和认可。比方讲，在去玩具店之前先说好可以买什么。父母说："如果听话，回家就有糖吃。故意撒赖，回家打屁股。"如此好行为、好品格就可以在奖励中一步一步地养成。

故事十一：小孩不顺服，怎么办？

孩子长大了以后，做父母的要用说理的方式来管教，但是小孩不顺服怎么办？这是第11个故事。女儿12岁的时候，有一天，我们全家去钓鱼，那天运气好，钓了许多鱼，爸爸要女儿把一部分鱼送给隔壁邻居，五分钟就走到了，她就是不肯去。女儿讲了一堆理由，比方讲，她说为什么不叫哥哥去？爸爸说哥哥不在。她又说爸爸为什么自己不去？爸爸说他现在忙没空去。她又说鱼又不是她钓的，爸爸说明明里面有她钓的鱼。反正她讲了一堆理由，最后还是辩不过她爸爸。事后，她爸爸也不骂她，要她写出来刚刚半个钟头双方所有的正反辩词，反省一下她自己是不是不顺服，是不是没有道理。女儿写了引言、理由和反思，她在反思的段落中写道："以上是我全部的理由。另外，你想知道我为什么会写这个文章吗？好吧，经历了与我爸爸猛烈的"问题与答案"之争，到最后我还是去了。爸爸说圣经十诫里讲"当服从父母"（笔误，十诫里是"当孝敬父母"），而我说圣经以弗所书6：1-3里讲"你们做父亲的，不要惹儿女的气"（笔误，应该是以弗所书6：4）。哎呀，如果我当时能管住我的大嘴巴，我大概就不用写这篇东西了。这真是浪费我的时间，所以，我就写到这里吧"。

为什么要花时间和孩子经过这场理性说服和辩论呢？强逼她去，岂不更省事？辩论的目的是要让女儿有机会讲出来她不满的地方，听听不同的理由，让她服气，另外也让女儿学习写作和思考分析。我们做父母的有的时候太忙或太累了，嫌孩子啰里啰嗦，就用权威和命令的方式，叫孩子闭嘴，照我们的意思去做。不但失去机会让孩子去慢慢建立逻辑、思考、分析、辩证的能力，甚至造成叛逆。父母希望孩子学会讲理，自己就要先讲理。

重点3：适当管教，为孩子立界限

品格的锻炼是要纠正不良的习惯，前面讲过，个性不要去改，可是不良习惯要改。古人说："子不教，父之过"（当然也包括母之过）。圣经上说，"教养孩童，使他走当行的道，就是到老他也不偏离"。这里的"道"不是指父母认为孩子该走的道路，或者该从事什么行业，而是走光明正道，有正确的人生观、价值观和好品格（圣经的原意是走上帝喜悦的正道）。我们家相信，孩子出生前，上帝已经把他的个性及天赋，放在DNA中，孩子出生后，父母要帮助孩子发现他的天赋、激情，也要教导他如何做人，建立好的品格和灵性，这样，孩子就是到老也不偏离他被造的目的及旨意。

西风东渐，有些年轻的现代父母，不希望用传统的比较严格的教养方式，但又只是表面化地抄袭了西方的尊重个性和比较开放的教养方式，结果可能变成对孩子疏于管教，甚至宠坏孩子，让孩子没有规矩、不分界限、养成坏习惯，长大后造成家庭、学校和社会问题。如何平衡地培养孩子优秀的品格，又不招来孩子的不满和抵触？放任自流或过犹不及都不好，有智慧地给孩子设规矩，定界限，纠正不良品德与坏习惯的行为，至关重要。

英文有一句话叫Terrible Two（可怕的两岁娃），小孩两岁以后，自主性提高了，孩子发现自己可以随他的意志自由行动，自以为了不起了，所以，开始挑战父母的权威，明明父母说不可以玩插头，他就要试，看看父母是说真的还是说假的。两岁娃似懂非懂确实可爱，但这时为了爱孩子，父母不要让步，家规定好讲明之后，一定要执行，用意是要教孩子学规矩、知道界限、尊敬权柄。设立界限在小孩一岁到三岁期间就要做了。不要以为小孩不懂，这个时期的小孩已经能够逐渐了解：听从父母的"不可以"，会带来好结果；忽视父母的"不可以"会带来不愉快的后果。要孩子学习节制自控，不是几次训诫和唠叨就能有效果。父母有界限，孩子才能学会界限。就好像一棵大树，孩子碰撞了几次之后，发现这棵树比他强壮，下次就不会硬撞上去了。

父母要教导孩子何时是"可以"，何时是"不可以"，帮助孩子看到自己的行为和结果的因果关系，培养孩子为自己的决定负责任、尊敬权柄、掌握自己生活的好品格。（详情请看：亨利·克劳德博士，《为孩子立界线》，海天出版社，2009。）

　　在孩子小时候还依赖父母的时候，父母都拿他没办法，长大了，特别到了青少年反叛期，父母还能管得住他吗？将来长大成人，到了社会上，岂不无法无天吗？所以，做父母的，不要错过孩子小时候学习尊重权威和界限的良机。此外，有一个很重要的点，在父母树立权威时，爷爷、奶奶和外公、外婆切记不要干涉儿女管教孙辈的事，因为管教孩子是父母的责任，不是祖父母　（在本文中提到祖父母是广义词，也包括外祖父母）的责任，千万不要越俎代庖。祖父母干涉父母对孩子的管教，在中国相当常见，且常因为两代人的管教理念和方法不同，造成家庭矛盾，孩子也在夹缝中左右为难、增加困惑。这方面的具体讨论会在执行篇详细介绍。

许多父母在管教孩子时，会犯些常见的错误。比方讲，管教前没有预先定规和警告就临时起意开始处罚；或者，孩子违规时，没有立刻管教，孩子体会不到犯规的后果；或者，同样违规，这次罚，下次不罚；或者，对比较喜欢的孩子，处罚轻一点，对比较不喜欢的，处罚重一点。这些错误都会使管教的效果不彰。

说到管教和纠正违规行为，在管理学中有个出名的热炉法则(Hot Stove Rule)可以参考。热炉法则是一个普遍采用的管理原则，由在管理界颇有影响力的道格拉斯·麦格雷戈(Douglas Murray McGregor)于20世纪60年代初提出。他巧妙地借用触摸热炉来类比违规，形象地说明了主管如何在不给下属造成怨恨或不满的情况下，对其下属采取纠正行动。该原则的中心思想是，可以通过以类似于触摸热炉的方式管理违纪的员工，来维持合理有效的组织纪律。同样的，做父母的对重大的事情，要设立品格和行为的界限，热炉就是界限，孩子触犯界限，就像触摸热炉一样，犯了规，就有被处罚的后果。

热炉法则的四大特点：

1.清楚的预警

任何被警告触摸热炉的后果的人都不能抱怨，因为父母事前给孩子明确的犯规警告。

2.立竿见影的后果

如果你碰到热炉，你会立即被烫伤。孩子犯规时，父母必须迅速采取有效的管教，以便孩子能够看到其行为与管教之间的明确关系。

3.管教一致性

不管你碰多少次热炉，它总是会烫到你。简单地说，孩子每次犯错，都会受到管教。

4.管教公正性

谁碰炉子，都会被烫伤。管教孩子应该对事不对人，不可因人而异。爸妈不可偏心，任何孩子违反规定，都要自己负责，都会受到处罚。

（细节参考：帕利萨·麻哈健（Palistha Maharjan），"管理学中的热炉法则"，《商业托邦》Businesstopia，2018年1月9日）

大家请注意，我们是主张爱的教育，请千万不要用热炉烫伤孩子。我只是用这个比喻，希望做父母的，在管教孩子时要记住——清楚预警、立竿见影的后果、管教一致性和管教公正性的原则，一面锻炼孩子的品格，另一面又不会给孩子造成怨恨或不满的情绪。另外，规矩不要定的太多，也不可太苛。热炉代表危险，尽量在对孩子有重大偏差时才处罚，比方讲，闯红灯、玩电插头、偷窃、说谎等等。

国有国法，家有家规，每个家都有家规，犯了家规就要管教纠正。圣经上也说："愚蒙迷住孩童的心，用管教的杖可以远远赶除"。但是家规是要先定好并且讲明奖惩，不要事前没有讲清楚，事发时生气动怒，随意处罚，这是情绪失控，不是管教孩子。对孩子要尽量少用体罚，多讲道理，要用软的影响力，循循善诱，把好品格深植入孩子的心。即使重大违规，管教时也不要在人前打骂，免得伤孩子自尊心。还有管教的时候要出于爱孩子、保护孩子的心，处罚前要说明原因，还要说："爸妈爱你，要帮你下次不再犯。"处罚后，孩子不准有破坏行动和故意反抗，管教后，父母当重申父母的爱、抱孩子，并帮助孩子认错。

讲个小孩子常犯的错误。小孩小时候说谎怎么办？我们家小孩四五岁的时候也会说谎，还会偷糖吃，跟他讲家规，不能说谎、不能偷东西，讲了、听了，但还是犯规，管不住自己，那就只好处罚了。我先生是个很有原则的人，话并不多，但说到做到，所以父亲的权威很早就树立了。我先生和我的个性类型正相反，在需要和小孩说"不"的关键时刻，弥补了我心肠太软的弱点。这里要顺便一提，在管教孩子时，父母一定要行为一致，不可以在孩子面前拆对方的台，否则父母的权威就无法树立，父母之间对管教如有不同的意见，要等孩子睡了以后，关起房门，好好地沟通达成共识，在孩子面前一定要一致。

管好自己的情绪/情商管理法

希望孩子学会讲理，父母要先讲理。管教时，父母必须对孩子表现出平静的行为和态度，绝不能把管教当作发泄父母一时冲动的出气筒。有人问，父母也是人，如何不抓狂？做父母的都知道要对儿女有爱心、有耐心，圣经说："不轻易发怒的，大有聪明"，很多人会唱"爱的真谛"这首歌，其歌词是出自圣经，"爱是恒久忍耐，又有恩慈，不求自己的益处，……不轻易发怒，凡事包容，凡事相信，凡事盼望，凡事忍耐，爱是永不止息"。注意，"忍耐"这个词出现两次，可见其重要性，所以父母爱孩子，就要学习耐心的修养。但是父母常常会心有余而力不足，有时心里想做、该做的事没做，做出来的却由不得自己。有时一看孩子把家里搞得乱糟糟的，或者孩子不照自己的意思去做，特别是那些一犯再犯的毛病，又正好是做父母的刚下班自己也累了的时候，就难免脾气上来，没时间和耐心和孩子讲道理，先骂了孩子再说，最后自己血压暴升、气血翻腾，孩子则对父母生怨，反而更不听话，结果搞得亲子关系紧张，两败俱伤。希望下面讲的管理学的情商管理或情绪管理，对大家有帮助。

什么叫情商（EQ, Emotional Quotion），美国心理学家，萨洛维&迈尔（Salovey & Mayer, 1990），提出情商的定义："能够监测到自己和他人的感觉和情绪，辨别它们，并利用这些信息指导自己的思想和行动。"智商(IQ, Intelligence Quotion)和情商都很重要。根据哈佛大学心理学博士丹尼尔·戈尔曼（Daniel Goleman）的说法，"随着全球化步伐的加快和留住人才需求的增加，团队的使用变得越来越重要，情商也越来越重要"。丹尼尔·戈尔曼认为过去用个人才智的标准——智商(IQ)，并不足以准确预测一个人未来的成就。与认识自我、管理情绪、同理心以及人际关系息息相关的能力——情商(EQ)，才是决定个人成功、快乐与否的关键。EQ不但是可以学习的，更可以从小加以培养，但是需要许多的练习，常常接受反馈，而且要愿意改变自己才能有效学习。（详情请参考丹尼尔·戈尔曼的书，《情商：为什么情商比智商更重要》，中信出版社。）

情绪管理主要有四个阶段。从低至高，第一阶段是最基础的自我认知阶段。前两个阶段是自我管理，后两个阶段是人际管理。

1. 自我认知
能够了解自己的情绪、优点、缺点、动力、价值观和目标，并认识到自己用天性直觉做决策时，对他人的影响。

2.自我控制

包括调整或重新定向自己的负面情绪和管理自己的冲动。

3.同理心

感知和理解他人的感受。

4.社交能力

管理他人的情绪，彼此成为朋友。

有什么办法可以增进自己的情商(EQ)呢？以下是几个小技巧，大家不妨试试。（1）提高自我认知：可考虑每天花15到20分钟自我反思或写日记；养成观察自己的习惯，就像观察第三者一样；与一个值得信赖的人合作，定期共进午餐，征求反馈意见。这个很重要，有时自己生气时，还不自知，就会被情绪绑架带着走，说出或做出不当的行为。一旦自己意识到自己在生气了，才能开始面对情绪。（2）增加自我控制：当自己感觉到有任何负面情绪时，赶快做五到十次深呼吸，让自己冷静下来，想想什么是自己最该采取的行动，理智恢复后才能调整心情、控制情绪；当自己感到消极时，花3到5分钟改变环境，四处走动或者集中精力于别的事情上；注意自己的四周空间，它确实会影响心情，用图片或对自己有意义的特殊物品为自己创造一个愉快、有动力的环境。（3）提升同理心：当别人分享时不要说话，好好地听，还要仔细观察别人的非语言行为，比方说，要用心看到对方心情不好、脸色难看或对方伤心难过，这样可增加自己的同理心，正如圣经说，要我们"快快的听，慢慢的说，慢慢的动怒"。建议写一段关于自己遇到的任何人，他们的兴趣、他们的背景、他们的困难等的文章。用第一人称写出来，假装自己是他们。结果，可能会发现自己更理解和同情他们。当自己更积极地与他们互动时，他们对自己的行为也同样会得到改善。（4）增进社交能力。最后，立于前面的三个阶段的基础上，才能开始最高层次，开始思考找到双方的共同点，努力与困难交往的人建立融洽关系，如果有人对自己说话，要点头或打招呼。抓住每一个机会练习和别人交谈，让自己对任何一个不认识的人说话，交换一些关于你和另一个人的事情，不断地练习，直到熟练为止。以上的练习，持之以恒，久而久之，不但可以管理对方的情绪而且可以增加自己的社交能力。职场的年轻父母们能努力练好情商，不只亲子关系融洽，夫妻感情和睦，自己在企业中也更有领导魅力、更容易成功，儿女也可从小模仿父母，成为有高情商品格的孩子，何乐不为呢？

能力：培养孩子什么能力？

培养孩子的能力有三个重点。古人说："望子成龙，望女成凤"。父母锻炼孩子能力之前要想一想，想锻炼孩子什么能力呢？数学能力？语文能力？阅读能力？写作能力？才艺能力？到底什么能力呢？

我们来看一看，未来的领导到底需要具备什么样的能力。这是一个美国的教育作家安雅.卡梅内兹（Anya Kamenetz）总结的，我觉得值得参考，他说21世纪优秀孩子的成绩单有六个C，第一个C是协同合作（Collaboration）；第二个C 是沟通能力（Communication）；第三个C是有内容、有知识（Content）；第四个C是批判思考能力（Critical Thinking）；第五个C是创新能力（Creative Innovation）；第六个C是自信（Confidence）。就华人孩子的培养而言，短板常常是最后两个C，这里我会展开来讲创新能力和自信的培养。

重点1：培养孩子创新能力，敢问问题

先讲一下创新能力。诺贝尔物理奖得主、相对论创始人，阿尔伯特·爱因斯坦（Albert Einstein），1879年出生于犹太家庭。他被世界公认为是继伽利略、牛顿以来最伟大的物理学家。有一次，爱因斯坦被问到如何在一小时内拯救世界时，他回答说："前55分钟应该用来理清问题，最后5分钟才用来思考解决问题"。爱因斯坦的回答很有智慧，因为我们遇到的复杂问题，常常是有误导性的，必须通过大量思考和分析，才能理清真正的问题所在。所以定义问题、了解问题、问对问题比解决问题更重要。只有问对问题，才能解决真正的问题，否则解错问题，虚耗工夫，问题还是没有解决。因此做父母的要鼓励孩子从小就敢问问题、大胆思考，长大以后才能有创新能力来扩展新领域。

培养孩子创新能力，敢问问题

■问对问题比解决问题更重要
■敢问问题、大胆思考、才能
阔展新领域

阿尔伯特·爱因斯坦　Albert Einstein

故事十二：鼓励孩子问个爸爸不会的问题

我们来看一下犹太人怎么培养孩子敢问问题的能力。这是第12个故事。大家都知道犹太人以卓越的创新能力闻名世界，我先生任教的大学有许多犹太裔的同事，我们有机会就请犹太人到家里来吃饭，常常谈到在他们小的时候，他们的父母在家中是怎么培养孩子的？他们说除了要背旧约圣经，吃晚饭的时候，爸爸一定会回来和全家人吃饭聊天。我心想不稀奇啊，中国父母也回家吃饭。吃晚饭的时候聊什么呢？中国父母经常是问孩子，今天学校发生了什么事情？作业写完了没有？考试考得怎么样？父母的姿态是我问你答，看看孩子有没有达到父母的标准。犹太父亲不问孩子这些问题，反而要孩子反过来问父亲问题，什么问题都可以问，父亲答不出来的问题，没有人知道答案的问题，就是最好的问题。这就奇怪了，我们一般问孩子老师今天教了什么。如果在教九九乘法表，我们就来考一下，七乘七是多少？看孩子答得对不对。想想看，孩子被训练的技能是什么？是回答问题的能力，而不是找问题的能力。请问一下，孩子从小的思路停在父母、老师设定的小框框里面，将来的格局怎么能超越父母和老师呢？怎么能青出于蓝胜于蓝呢？ 反之，犹太父母培养孩子挖掘问题、挑战现状、独立思考、发现创新，因此，孩子问的问题大人也答不出来，就是好问题。

在重视权威差距的华人文化中，孩子把父母或老师问倒，似乎有损大人的威严，但是，在犹太人的文化中却非如此。犹太人的文化讲究平权，每个人只要讲得出道理，不需要考虑自己身份的高低，可以相互辩论来挑战不同的思路，有位犹太教授还说，他在军队服役时，尽管自己的职位很低，也可以毫无顾忌、从容地和军队中的最高将领提出自己的想法，甚至可以提出反对意见和将军辩论。假如家中兄弟姐妹之间吵架，各持一方意见时，犹太父母就会叫孩子彼此互换立场，用对方的立场来继续辩论，直到不同的思路充分沟通达到共识为止。遇到相同的场景，中国人可能就由父母来听讼，并裁决谁对谁错，孩子不但失去培养换位思考的机会，还可能对父母的裁决不服气。再回到前面犹太家庭晚餐的故事，如果孩子问了一个大家都答不出的问题，吃完饭以后，兄弟姐妹通通一起去找书、去研究、去找答案，隔天吃饭的时候，孩子自信地报告找到的答案，然后父母亲会问这个答案里面还有没有问题呢？孩子就赶快去想里面还有什么问题呢？

比赛谁又想出一个大家都答不出来的好问题，吃完饭以后，兄弟姐妹又通通一起去找资料和去研究。"研究"这个字，英文叫Research。就是 re-search，寻找，寻找，再寻找。所以做父母的从小如此培养孩子好问、好奇、好想、好研究的心，这样就可以加强孩子的批判思考和创新的能力了。

重点2：建立孩子的自信，要孩子自己跟自己比

最后一个C，是Confidence自信。建立自信是需要包容的爱和辅导的。我觉得父母亲给孩子最好的爱，就是鼓励和接受每个孩子本来的样子。如果孩子已经努力了，就要鼓励他；如果孩子能力不足，就要辅导他，千万不要拿别家的小孩或其他兄弟姐妹的强项来和孩子的弱点比，这样孩子会失去自信，还会天天害怕被别人比下去，造成孩子一辈子莫名焦虑的阴影。我有一些企管硕士学生们，有时喜欢用管理企业的短期KPI（Key Performance Indicator 关键业绩指标）来管理孩子的绩效，我劝各位，教养孩子可千万不要随便用短期KPI。为什么？因为用短期的KPI来考核的话，孩子的成长就被卡死了。孩子常常被问考试是全班第几名，还被追问这次怎么比上次掉了几名，要孩子赶快追回来，这样，孩子怎么有空间去发挥想象力和创新力呢？孩子怎么会有自信？怎么有机会活出他自己的激情呢？所以，教养孩

子千万不要设立短期的KPI。

说到设立育儿的目标，有人曾问我，什么时候开始计划把孩子送进哈佛大学呢。别说计划了，我和先生连做梦都没梦过。因为我们从来就没想过把他们送去哈佛大学，甚至连常春藤的名校都没计划过。我们只是尽量了解每个孩子被创造的天赋，从小带孩子到教会的儿童和青少年的"主日学"（教导圣经和培养灵命、品格的课程）听道理，自己也花大量时间陪孩子，把孩子的优点发挥出来，把孩子的坏习惯纠正过来。所以大家听了我们家的故事以后，千万不要用KPI立志要自己的孩子上哈佛或其他名校，只要尽心尽力地把孩子的天赋好好发挥出来，孩子将来不论上不上名校，都能成为一位充分发挥自我才能、对社会有贡献的人才。

另外，我要特别强调，不要把自己的小孩跟别人的小孩比，更不要和孩子的兄弟姐妹比较，有些父母以为随口说说别的小孩如何如何好，可以用来刺激自己的孩子改进，有时还说贬低自己孩子的话，甚至说自己的孩子"就是这么笨，一辈子没出息"，如此伤孩子的自尊心是最大的忌讳。事实上，孩子有错时，只要指出错处，和孩子说明道理，要求改进就可以了，千万不可以污辱人格、出口伤人。管教孩子时，要针对事不对人，应该说："爸妈爱你，但不爱你做的错事。"古人说："爱之深，责之切"，用意是要父母管教儿女不放纵，并不是要父母控制不住自己的情绪，出口伤孩子。圣经上说："爱慕长寿，得享美福，就要禁止舌头不出恶言。"对着儿女发脾气，不但不能长寿，还给孩子树立了语言暴力的坏榜样。因此，父母要学习快快地听、慢慢地说，如果发怒时管孩子，孩子的注意力会放在父母失控的情绪上，反而忽略了父母想教导的对的事情。所以父母自己的修身养性、德行感召是给孩子最好的榜样。

有人问，要孩子提高自己，要跟谁比呢？我们认为是要孩子自己跟自己的过去比，看看自己有没有尽力，这次有没有比上次进步。古人说，"尽人事，听天命"。这并不是说要听天由命，而是说我们自己有没有预备好？我们假如要打仗，有没有事前把该做的准备工作都做好？这次是不是有比以前的自己更进步？我们家相信这样孩子不仅自己对自己有一个交代，也对创造他们的神有一个交代。孩子可常常自省自己被赐的这些天赋，到底有没有被自己浪费掉？问心无愧之后，努力的结果和成败就交托给神，不论结果如何，内心深处都有平安。（引自圣经，"马是为打仗之日预备的，得胜乃在乎耶和华。"）

重点3：设立合宜的高目标和不断进步的习惯

故事十三：做功课不专注怎么办？

有些年轻的父母问我，小孩学习不专注怎么办？劝也不是，骂也不是，怎么办？这是第13个故事。想想看，有没有可能是激励方式不对呢？我们家女儿六岁时，在美国小学一年级学写ABC英文字母，每次家庭作业要写字，她坐不住就在纸上乱画，一心想赶快画完就可以去玩了，我只好坐在旁边监督。听起来很熟悉，对不对？小孩做功课或者练琴的时候，父母常常要坐在旁边看着和陪着，但是，这个效果好吗？有时是不是弄得大人又累，小孩也怨？我们家女儿天生好动坐不住，要她坐下来好好写，她就耍赖不写了，有什么好办法呢？我就去请教女儿的老师，这位美国老师，叫我立刻停止坐在旁边监督，她说要让女儿自己设立一个高标准，自己监督自己，还教了我一些有效步骤。我就照着这位老师的建议耐心地引导她、说服她。比方讲，设立合宜的高目标，挑战孩子的能力。我先拿范本给女儿看，问她觉得她写得好还是这个范本写得好？她说范本好。我再问："你想不想写得跟范本一样好呢？你努力一下慢慢写写看"。她点点头，果然努力慢慢地写，当然写得还是乱七八糟，但是重点是有没有比上次进步。我当时就对她说："把你昨天写的拿来和今天的比比看"，她看到果然比昨天好，自己就很受激励，我也趁机褒奖她，孩子还是要父母支持和鼓励。第二天，再重复同样的问答，问她想不想写得比前一天更好啊？想不想写得跟范本一样好呢？她自己看到自己每天的进步，离目标越来越近，自信也加强了，慢慢地变成了她自己要写得更好了，这时，孩子自己给自己设高标准，孩子也养成不断进步的习惯。之后，我就不用坐在旁边监督，如今，我们家字写得最漂亮的就是女儿了。所以绩效目标最好是父母和孩子一起设定或是孩子自己设定，因为目标是孩子自己同意设定的，孩子就有动力去达到这个目标。这种激励孩子的方法，其实跟主管用目标管理来激励员工很类似，想要自主性比较高的员工朝着管理层设立的高目标努力，其中一个因素，是要说服员工把这高目标作为他自己的目标才有效。父母激励孩子也是如此。

锻炼孩子的能力很重要。圣经说："少年时所生的儿女，好像勇士手中的箭"。一个好箭要天天练，不练的话这个箭怎么会射得准呢？所以父母要努力地天天锻炼儿女。锻炼和培养孩子能力，重点是要设立合适的高目标，目标过低太安逸，孩子不努力；目标太高，孩子丧志就放弃。所以父母要设立恰到好处的高目标，让孩子有足够的挑战但也不是不可能达到。如果孩子能力不足，父母则要支持和鼓励，并且在完成一个小目标之后，再设立一个更高的目标，让孩子养成不断进步的习惯。

讲完了原则二，有人问，培养品格和能力有没有什么好的书推荐？我会特别推荐《卡尔·威特的教育》一书。它是德国的威特老牧师写的，他说："不能错误地批评孩子，绝不能伤害孩子的自尊心，对儿子的严格，完全取决于道理，不蒙蔽孩子的理性"。他的儿子卡尔·威特，虽然先天不足，但是在老威特的精心教育之下，小卡尔从儿童起就是出名的天才，八岁懂六国语言，九岁入大学，十四岁就是博士，十六岁成为法学教授。我看过很多教养儿女的书，我认为这本书是最经典的，值得好好学习。另外有些人问，有没有好的树立小孩品格的教育机构？孩子有一些坏习惯，实在难管。除了父母修身养性、以身作则和上面讲的一些原则之外，可以考虑送孩子参加一些好的活动，比方讲，"品格营（Character First Education）"，很多父母、儿童和青少年都给予好评。

第三个原则：职场与育儿之间要平衡

　　许多人问，特别是年轻的职业妇女，如何在工作跟教养孩子之间取舍？我认为做取舍时，要看时机，不同的时期要有不同的优先次序，在排优先次序时，孩子的年纪至关重要。

零到三岁的育儿最重要

有一位经济学家叫詹姆斯·赫克曼（James Heckman），他是诺贝尔奖得主。他算出来国家跟家庭投资孩子的回报率是孩子越小的时候越高。零岁到三岁前的孩子回报率是最高的，投资一块钱，回报十八块钱。零岁是一怀孕就开始算。三岁到四岁的孩子，投资一块钱，回报七块钱。小学的孩子，投资一块钱，回报三块钱。大学是一对一的回报率。总而言之，零岁到三岁前最重要，所以有一个理论是"前一千天假设"（First 1000 days hypothesis），这个理论主张人的脑子、人的认知和智商（IQ），百分之九十是在怀孕一开始到两岁前的发育决定的。如果小孩已经三岁、四岁、十岁、十八岁了，还是有希望的。只不过是投资越早的话越能事半功倍。并且请注意，这个假设只是单指智商（IQ）的发展，三岁之后还有很多其他能力特别是EQ情商的发展，这些其他的能力，只要发挥出来，一样可以成功的。

故事十四：胎教很重要

讲到早期投资，不免谈到中国人很重视的胎教。所谓胎教，就是妈妈从怀孕早期就开始控制体内外的各种条件，给予胎儿良好的成长环境，防止对胎儿的不良影响，使婴儿具有更好的先天身体和智力素质。专家指出，中国传统的母教式胎教，是科学又符合优生的。那就是在孕期要做到：注重身心的平衡，供给母子所需的各种营养素，戒除不良嗜好。英国有一个研究，发现孕妇的饮食不平衡，如果摄取过低的碳水化合物和过高的蛋白质，会造成孩子肥胖症（引自"奇妙的细胞"，日本放送协会 NHK）。总之孕妇的行为对孩子有直接的影响，所以胎教很重要。我讲一下我们家胎教的故事。这是第14个故事。我有时候在想，老大、老二不都是我们夫妻生的吗，基因差不多，为什么两个孩子从小个性差这么多。我才想起，我在怀老大的时候，正在考托福跟美国研究生院入学考试(GRE)，准备去美国读研究所，当时儿子在我肚子里面不知道背了多少英文单字跟解了多少数学题，所以，难怪儿子从小一不看书就全身难过，看过的书几乎过目不忘，求学过程中更是如鱼得水。大学毕业后，读了一个博士不够，还要读两个博士，又外加一个博士后。如果父母想要孩子自动自发会念书、爱学习，做母亲的在怀孕期间，就考虑努力学习、考专业执照、读研或写研究论文吧！我这个故事虽没有科学实证，但是孕妇的身心健康和行为是绝对会影响胎儿的。所以要孩子打下好基础，在孩子零岁到两岁前的一千天，家庭比事业更为重要。

许多人同意投资在孩子身上很重要，但是要投资什么呢？有人说，为儿辛苦为儿忙，要为孩子打拼事业、赚钱养家，才能给孩子最好的。大家想一想，养家到底要多少预算？很多人说现在咬紧牙关，为了孩子，要买个学区房。学区房在大城市可是很贵的，所以要忙着挣钱让孩子过最好的日子，结果做父母的，晚饭都不能回来陪孩子一起吃，也没空陪孩子长大，这不是本末倒置吗？其实，孩子真正需要的是父母的爱和时间。

故事十五：家里的现成东西都是好玩具

对小孩而言，家里的现成东西都是好玩具，花钱买的不一定对孩子好。这是第15个故事。我们家老大四岁多的时候，他爸爸还是一个穷博士生，我们一家住在学校已婚学生宿舍，学生宿舍条件很差，公寓里面又小、又挤、又脏、又乱，住得最多的是蟑螂。那个时候，我们一家是靠微薄的奖学金过日子，成了家尚未立业，之后我即使硕士毕业开始工作，还是又穷、又忙，根本没想到小孩子居然还需要玩具，儿子唯一的玩具就是一个小玩具熊，那个小玩具熊还是他外婆送他的。我们好像就没给他买过什么玩具，那时只给他几张背后空白的用过的电脑报表纸、一支铅笔、一支圆珠笔，他就趴在地上画，连小桌椅都没给他买。儿子有一天说，他发现我们家的蟑螂躲在哪里了。他自己居然发明了一个小实验，晚上的时候，他在厨房当中放了一小片点心，然后，把所有的灯通通关掉，过了一阵子以后，他轻轻过去，一下子把灯打开，这时蟑螂已全出来了，他就拿着苍蝇拍追打蟑螂，他很自豪地说，他做的实验成功了。他从小喜欢生物，长大以后拿了一个分子生物的博士，他很会做实验，没想到他做的第一个生物实验，就是他四岁多时骗蟑螂出来的实验。暂且不说打蟑螂的卫生问题，我的重点是说，养孩子要花很多钱吗？不一定的，其实小孩子最需要的是什么？是父母的时间，父母的陪伴。我们家是什么时候买第一栋房子的呢？是我们家儿子已经六岁，女儿两岁的时候，那时我们才凑齐了首付，买了一个不起眼的老房子，用的是原屋主懒得搬的二手家具，这会影响到他们的成长吗？不会的。重点是在孩子成长期间，父母有没有花时间跟孩子在一起。

《卡尔·威特的教育》一书中提过，最好的玩具是不完整的玩具，因为不完整的玩具，孩子需要主动想办法优化创作，而且有机会发挥想象力。比方说电视是被动接受，不用动脑创作，并非最好的玩具。除了少数高质量的教育短片外，不能让孩子长时间地看电视杀时间，即使要看教育短片，也要父母和孩子一起看，可以一起学习和事后讨论。所以与其花钱给孩子买一个做好的漂亮小城堡，不如给他一堆沙和水桶，或者给他一堆积木，让他自己创作小城堡。

故事十六：最好的玩具来自大自然

我认为许多最好的玩具是来自不用花钱的大自然。这是第16个故事。我们家儿子三四岁时，我们夫妇还是一对美国穷博士班学生和眷属，我是海边长大的，从小爱吃海鲜，那时，美国大学城的超市的鱼都是冷冻的而且又贵，我想吃活蹦乱跳的活鱼，只好自己钓。那时为了省鱼饵的钱，父子俩没事就在树林土堆中挖蚯蚓，美国蚯蚓又肥又多，一家人一起挖蚯蚓很好玩的。那时读书忙又穷，没什么娱乐，我们一有空就去湖边钓鱼，在钓鱼的时候，儿子没事干，我们就给他买了一个小网让他捞鱼，他捞上来的都是小小鱼，儿子又舍不得扔回去，我们就给他买一个很便宜的小鱼缸，他就在里面养小鱼。他天天没事就在鱼缸旁看鱼，研究每条鱼的长相有何不同，每条鱼的游法有何不同。他还给每条鱼取名字，当成他的好朋友。

有一次，儿子在钓鱼的湖边找到一只活的河蚌，放在鱼缸里当宝贝。儿子一年级的时候，老师要小朋友带最心爱的宠物来学校介绍给同学，别人带猫、狗、兔、鸟，都会做动作、发声音，儿子带他的河蚌去学校介绍给同学，别人说他的河蚌是死的，不会做动作也不会发声音，他说只要有耐心地等，河蚌的脚会慢慢出来和大家挥挥脚打招呼的，后来，河蚌的脚果然慢慢地出来了，因为儿子的宠物非常特别，老师和同学们看了都很稀奇。

1984年，我先生博士毕业后，拿到一个大学教授的聘书，我们全家搬到美国南部的一个州，这是盛产鱼虾的地方，我们还是一有空就去沼泽钓鱼（这时，钓鱼已是娱乐不只是省钱了），儿子捞来的小鱼还是放在他的鱼缸里（这时鱼缸是中号的了）。看他对鱼这么着迷，我们就买了一本关于鱼的分类的书给他，他没事就在鱼缸旁，一边翻书，一边做他的观察研究。1993年，搬到香港以后，我们住大学教职员宿舍，大学教职员宿舍就在海边，那时，儿子已经会浮潜，一有空，他就去海边或跳到海里，用网子捉小海鱼，捉来的小鱼养在他的鱼缸里，只不过这时是海水鱼缸不是淡水鱼缸了，香港的马桶水是用海水的，养海水鱼换水十分方便。全盛时期，我们家客厅放了四个儿子的鱼缸（这时，鱼缸已是大号的了），里面有他捉回来的各种五彩热带鱼、海葵、小丑鱼、彩色虾、石九公、海蚌、螃蟹、海参、青口等等，有一次，他还捉了一只海马回来养。海水鱼不容易养，水要干净还要酸碱合宜，鱼有时候会生病，儿子就买书来研究怎么给鱼医病，有些鱼被医好，有些就救不回来了。儿子从小对鱼的热情，可能培养了他日后决定读医学和生物博士的志趣。后来，儿子去美国读大学、研究所、结婚、工作，一直是他的家搬到哪里，鱼缸就搬到哪里，养鱼成了他一生的爱好。

　　我讲这些故事是要说明，做父母的要注重孩子的兴趣，在孩子有兴趣的地方，加强和加深知识面，好的玩具是可以顺手拈来免费的。前面提的，女儿被哈佛大学看重的爱唱歌、爱表演的激情，是她三岁在儿童唱诗班开始培养，一直唱到成人，都是不花钱的。儿子抓鱼、养鱼、医鱼和爱研究生物的激情，也是从他三岁开始培养，一直到成人，也都是很便宜的。孩子有兴趣的领域，父母有专业知识最好，没有的话，父母要爱孩子所爱，找到身边可能的现成资源来培养，这些资源很多是免费的，重点是父母有没有学习的心，花时间陪孩子在孩子有兴趣的地方，一起发掘新知，一起游戏创新。如此又增长见识又培养亲情，岂不是一举两得吗？我们夫妇俩都不会唱歌，音乐也不太通，更别提像女儿一样上舞台表演。此外，我们也不是读生物、物理、化学的，更不懂儿子的生物科技的研究。可是，我们俩都很支持两个孩子从小的嗜好，在他们有兴趣的地方，陪他们一起开心，每次看他们上台表演或发表研究成果，我一定去加油、拍照、录影，我可说是我们家孩子最大的粉丝。

下面一个也是年轻父母们常问的问题：要不要花大钱送孩子上国际学校？家长们的理由是，中国式教育功课太紧，而且是填鸭式的，对小孩身心发展不好，所以要把小孩送到国际学校，甚至辞职陪小孩到国外去读小学和中学。国际学校非常贵，辞职陪小孩到国外去读书，不止劳民伤财，还牺牲了自己的事业，有时只留妈妈在国外陪读，爸爸在国内打拼赚钱，两人长期分居，甚至造成婚姻问题。读国际学校，确实是功课轻松些，也比较自由。可是读完国际学校，孩子的观念、语言都西化了，中文也不太会读和写，将来孩子到底是华人，还是西方人呢？不小心就变成海外华人所谓的外黄内白的"香蕉"人了。

故事十七：国际学校还是本地学校好？

我认为西式学校和中式学校是各有利弊，其实，家庭教育比学校教育更重要。这是第17个故事。我们家的孩子18岁以前，念过西式学校，也念过本地中式学校（即香港本地学校）。1993年我们全家从美国到香港，当时儿子14岁，准备要上高一，那时香港的国际学校和本地学校都收了他，儿子自己选择了本地学校。我们问他为什么不选国际学校而要选填鸭式、功课多，又常常要考试的本地学校？儿子说因为他喜欢数理化，本地学校的数理化比较好，我们就顺着他的意思让他去上本地学校了。上了以后，儿子说几乎每周都有考试，他的答案照美国算法应该是对的，但是因为不是本地老师的标准答案，照本地算法他就算做错了，心里很丧气，特别是他以前在美国都是拿全A和校长奖的，从来没见过B，那时因为不懂考试诀窍，结果一口气拿了几个B，对他而言，实在打击太大。我就鼓励他说："没关系，爸妈知道你懂就可以了，主要是你有没有学到东西，有努力就好了，考试分数不能决定一切。"儿子听了，很得安慰，就继续积极地学习了。

香港的许多本地学校是双语的，这使得儿子的英文能力在本地学校大放异彩。平日上课，英文老师请他做助教，他不用上英文课只要自修就好了。为了补本地学校英文不足，我们就帮儿子请了一位英文文学博士做家教，和儿子一起研讨和考试无关的奥德赛(Odyssey)、指环王(Lord of the Rings)等世界名著。后来，儿子拿了香港中学生英文写作比赛第一名，又加入辩论队，代表学校参加校际中学生英文辩论比赛，拿了全港冠军，他的自信心就恢复了。及长，他大学快毕业时，要考医学院入学的标准考试(MCAT)，儿子本科是电脑专业的，他居然考医学院的标准考试考了全校最高分，我们很好奇，儿子又不是主修医学预科的，为什么能考全校最高分呢？儿子说，其实他知道的也不会比别人多到哪里去，可是他很会猜题，也很会考试。问他这本事哪来的？他说就是在中式教育里面学会的。所以本地学校有中式教育的优势，如果功课太紧的话，家里要松一点，而且要了解孩子，在孩子泄气时要安慰他、支持他。

国际学校的优点是比较个性化，鼓励学生主动寻找问题、解决问题，强调学习的兴趣、过程和喜好学习的习惯。国际学校比较尊重个人，小学前几年考试成绩相对不重要，不强调比拼也不排名次，所以，大部分的小孩都蛮自信和快乐的，这确实很重要。这里，我以乘法教学来举例说明国际学校和本地学校的不同。国际学校教乘法，注重理解，不要孩子背九九乘法表，要小孩拿一打铅笔和橡皮圈来捆，两个两个一捆，可以捆六捆，三个三个一捆，可以捆四捆，四个四个一捆，可以捆三捆，六个六个一捆，可以捆两捆，一年级、二年级的小朋友，一面玩捆铅笔游戏，一面就明白乘法的道理了，可以增强孩子的推理能力，也让孩子对数学产生兴趣。但是小孩到了三年级还在2乘3等于2+2+2，2加三次，到四年级、五年级还是如此，而且不背九九乘法表，这就无法进阶更有挑战的数学问题了。其实国际学校，也有西式教育的问题，它的功课实在太松，所以在家里就要严格一点。相对的，九九乘法表在本地学校一年级、二年级就开始背了。我在美国的时候，到了我们家孩子升三年级的暑假，我们受不了了，就要孩子把背九九乘法表当暑假作业，背完以后开学了，他们到了学校，老师一问四乘九是多少？我们家小孩举手说三十六，结果全班小朋友竖起大拇指，说他们是天才。一旦被老师和全班小朋友认可是数学天才，他们真觉得自己是很棒的，就信心大增，更加努力学习，从此数学成绩名列前茅。所以中式教育有中式教育的优点，西式教育有西式教育的优势。不管是送本地学校或国际学校，没有一个是完美方案。我们认为最重要的是家教，做父母的，要知道不同方案的利弊得失，考虑自己孩子的需要和环境条件，取得平衡，发挥东西方教育各自的优势，用中西合璧的家教来弥补不足。

回到前面说的，其实养家是可以不贵的，我们家一向是以就地取材为准，特别是我们家老大，在美国时读公立资优小学和初中，来香港时也是读公立本地高中，我们只是把当地的资源好好利用，几乎没缴什么学费。好的家教和温暖的家庭才更重要，孩子真正需要的是父母的爱和时间。想教养出优秀的孩子，首先做父母的要先从自己做起，修身养性、以身作则，成为成熟的大人，用德行来感召孩子。教养孩子不是单打独斗，是要父母好好同工、彼此相爱。爱是凡事包容，我们相信夫妻相爱、同心合一、彼此顺服，有了健康的婚姻、温暖的家庭、良好的家教，才是优秀孩子成长的基础。有人为了孩子教育问题，夫妻吵吵闹闹，初心都是为了孩子，结果却弄得家庭气氛紧张，孩子不安宁，反而影响孩子学习和成长，真是得不偿失。要孩子好，夫妻关系一定要好好珍惜和经营，有些促进夫妻关系的课程值得参加。我们夫妇因为个性不同，起初磨合期有很多挑战，可是越到晚期感情越好，还偶尔充当年轻夫妇的婚姻辅导员。在我们结婚37年时，因为朋友推荐，也为了装备自己做婚姻辅导的服事，就参加了"恩爱夫妻营"，之后，我们都有很深的感动和改变，才发现夫妻感情原来可以提升到更高的境界，所以大力推荐这个营会给父母们。总而言之，我们家认为养小孩最重要的不是钱，而是父母感情好，同心关爱小孩，这才是给孩子最好的资本。

如何平衡职场和育儿？

如何表达爱？有人说就是花时间和所爱的人在一起。爱自己的孩子也是如此。又回到前面的问题，做父母的要忙事业又要教育孩子，时间上如何取得平衡？对高级知识分子，特别是职业女性，有些还念过研究所，放弃工作留在家养孩子，牺牲很大，对这些全职妈妈，我很敬佩。可是等孩子大了以后，有些全职妈妈很沮丧，因为她可能感到失去自我，与职场脱离太久，想回去工作也不容易。而且有些全职妈妈因为牺牲大，对小孩也寄望特别高，有时反而给小孩造成不必要的焦虑跟压力。我认为两岁前的孩子需要一对一或一对二的照顾（前面说过"前一千天假设"），假如经济允许，孩子两岁前，最好父母其中一个人不上班或只做兼职，孩子两岁以后再回去全职上班，一般来讲离开职场或兼职两年，长期来看，对职场的影响还是在可接受范围的。如果情况不允许，非要全职上班，就要找到非常可靠的有爱心又有智慧的保姆了。

如何找好保姆？这是第18个故事。我很幸运，我们家女儿前九个月的时候，我因为产假和搬家，大部分时间都是自己带女儿。九个月后，我找到工作，正为找不到合适的托儿所烦心时，碰到一个基督徒姐妹，她正留在家里带一个比我们家女儿大三个月的女孩。这位姐妹是一所美国名校的电脑硕士，还是另一所名校的商学硕士（MBA），她其实原来是念电脑博士的，因为生了孩子所以只好半途拿一个硕士毕业了，她是个聪明绝顶的女学霸，比我能干多了，而且比我还会教孩子。我就赶快去求她帮忙一起带我们家的女儿，她作为一名教授的太太并不缺这个钱，当然是一口拒绝。我知道机会难得，只好三顾茅庐地求她，钱是不能打动她的，我就想想她有什么需要，从她的需要来说服她。比方说，她担心她的女儿营养不够、胃口不好，吃东西老含在口里半天吞不下去，我们家女儿好吃胃口又好，整条香蕉到她口里，就看到香蕉越来越短，几分钟之后全部下肚，结果她女儿好模仿，看我女儿吃得津津有味，也就跟着快快吃了。而且，小孩还是要有小玩伴的，两个孩子一起长大，从小培养分享、合作、沟通的能力，岂不美哉。后来，她被我锲而不舍的诚意打动就收了我们家的女儿了，从此，我就一百个放心的交给那位姐妹带。她视我们家女儿如己出，读书、唱歌、游戏、讲故事、吃东西，她女儿有一份，我们家女儿也有一份，她是我女儿的最佳启蒙老师，后来，我女儿和她女儿因为高智商，双双都进了当地的免费资优班。好的开始是成功的一半，我女儿后来表现优异，真要感谢这位名校双硕士的保姆阿姨。

找到如此杰出的保姆是可遇不可求的。但是，原则是做父母的，一定要找最优秀的保姆，有些人找农村来的阿姨凑合，就只求给孩子喂饱肚子，其他就不能指望什么了。父母想要孩子怎么样，就要给他们找怎么样的保姆。小孩两岁以后小学前的幼儿园，当然也要找最好的。所谓最好的，就是最合适自己小孩的，并不是最贵的。比方讲我们家女儿天生活泼、好动、爱笑、阳光型个性，很感恩的，就进了一个以爱心出名的基督教幼儿园，后来，我女儿对人特别有爱心，人缘又好，可能和这个幼儿园有关；儿子天生好学、安静、爱思考、爱研究，很感恩的，就进了一个以启发出名的大学教育系的幼儿园和蒙特梭利幼儿园，后来，我儿子对科学特别有激情，学术又好，可能和这个幼儿园有关。

故事十九：老人帮忙带孩子，好不好？

有人问如果夫妻两个都要全职上班，老人帮忙带孩子，好不好？这是第19个故事。我生了老大以后，因为要到美国读电脑硕士，实在无暇照顾婴儿，前两年只好托给我在台湾的父母带，我父母亲是非常可靠又有爱心又有智慧的知识分子，所以托给他们带，要比没时间又没经验的我们自己带要更好。我母亲不止管儿子吃好、穿好，还给他讲故事，教他读书、礼貌、唱歌、跳舞、上山摘水果、下水捉鱼虾，因为我们长期不在，我母亲还包了管教的责任。所以，儿子聪明伶俐又特别懂事，后来也因为高智商进了资优班，我的父母功不可没。这当中的暑假我们都接儿子来玩，两年后，1981年，我拿到硕士学位，就赶快接儿子来美国一起住自己带。这是一个特例，大家别学，除非万不得已，还是自己身边带着孩子最好。

所以，老人是可以帮忙带孩子的，但重点是自己不可放弃做父母的责任和义务，不可以就把孩子交给老人算了，出了问题就说都是爷爷奶奶、外公外婆宠坏的。现在，我们夫妇俩也是爷爷奶奶、外公外婆辈的了，我们一早就跟我们的孩子们讲，不要角色错乱，我们做祖父母的任务就是宠他们家的小孩，如果要求我们帮忙，我们一定尽力而为，但是要怎么管教孙辈是他们的事，我们都听他们的，我们夫妇俩已经管教自己的孩子到结婚，责任已经了了，现在还要我们管孙辈，累不累啊？管理好儿女是上天托给父母的责任，并不是祖父母的责任，做祖父母的千万不要越俎代庖，儿女在管教他们自己的孩子时，老人一定要走开，不要插手。我们夫妇相信圣经上说的，"人要离开父母，与妻子结合"，成家的孩子离开父母不是不相往来，而是心态上的离开，例如做家庭决定、教养孩子等等，小夫妻自己先商讨，也可以咨询父母的意见，但最后仍是夫妻二人做决定，父母则要帮助成家的孩子从心态上离开父母。已婚的儿女，有自己的世界，做父母的不要和他们住在一起，最好是住在附近，有急事，彼此有个照应，没事，各自有各自的生活圈子和自由，两全其美多好。

　　有人问，人生有太多机会、太多要做选择的，怎么办？如果外地有个升职加薪的工作机会，要不要一个人搬过去，夫妇俩就过两地分居的日子呢？如果有个升职加薪的工作机会需要常常出差，孩子还小，要不要接受呢？有些人为了更好的工作机会挣更多钱养家，一个人长期跑到外地工作，先生或太太留在当地养小孩，他以为挣了钱带回来就尽了养家的责任，结果到时候先生或太太可能跑了，孩子也不认识他了，回过头来，真不知道拼命挣钱是为了什么。所以，我们是不赞同夫妻分开两地的。对我而言，优先次序很清楚，上帝是第一位，配偶是第二位，之后才是孩子。有些孩子到了十岁还睡在父母当中，夫妻之间完全没有私密空间，这是把孩子的地位错放在配偶之上的问题。有时甚至夫妻长期一方陪孩子睡，另外一方在另一个房间睡，夫妻长期分床，没有私密时间，这样的夫妻很难会感情好。现在有些年轻人不要生小孩，有些是因为看到父母亲感情不好，天天吵吵闹闹，甚至离了婚，这些年轻人对婚姻没有信心，也担心自己会走上离异的路，就干脆不婚、不生，免得伤到伴侣和小孩。前面说过，良好的夫妻关系是优秀孩子的基础，如果夫妻感情不好，对儿女教养绝对是个绊脚石。

哈佛大学著名教授，克莱顿·克里斯坦森(Clayton Christensen)，在2011年和2013年都被时代周刊选为全世界最有影响力的商业思想者，在他写的一篇很有名的哈佛商业评论的文章——《如何衡量你的人生?》一文中，他说一个人在制定人生策略时，要先问自己三个问题，其中一个是和家庭有关，他说要问自己："我如何确保自己和配偶、家人的关系，是我个人幸福的源泉呢?"假如你认为配偶和孩子和家人是你的幸福来源，你的人生策略就应该把家庭放在高位。其实人生就是一连串的选择组成的，想想看你的选择是什么呢?你有你的选择，我绝对尊重你的选择，但我也有我的选择。

故事二十：健康的婚姻是培养优秀孩子的基础

我来讲讲我的选择吧。这是第20个故事。我和先生是遵守圣经上夫妻不可分房的原则的，我们一向是夫唱妇随。我在国际商业机器公司（IBM）工作快20年，其间老板曾经对我说过几次，假如我愿意从香港搬到北京的大中华区总部，就立刻升职加薪，我的回应是即使炒了我，也不会考虑，因为先生小孩都在香港，我绝对不考虑夫妇两地分居。而且我在孩子离开家上大学以前尽量少出差，后来孩子上了大学，我才接受升职和比较常出差的工作，即使如此我还是坚持夫妻不可分居的原则。我后来虽然主管亚太区和152个新兴国家的技术领导力战略，但我还是坚持在香港和先生住在一起。因为我的辖区地理位置几乎绕地球大半圈，时差横跨18个小时，这意味着无论何时我和辖区内的人开会一定需要打电话，所以我在哪一个地点或时区上班和开电话会议都一样，很感恩的是，我的老板相信我远程管理的能力，所以我就可以留在香港的家里，不出门而知天下事。

我认为时机若未成熟，千万不要赶着去抢升职的机会，因为长期来看，这不见得是好事。事实上，我真的是见过一些朋友，自己一人抛下配偶急乎乎地升职加薪去了外地，后来，夫妻反目，甚至有离婚的，儿女也不认他了，到头来再来问我怎么办。我也不知道该怎么办，因为时机错过，我也只能安慰他。我当时的选择是宁可比别人升职慢一点，等到我们家小孩18岁，全到美国去念书了，我才接受亚太区的管理层工作，开始有限地在各个国家跑。可是我到最后，很感恩地照样升成IBM高管。和我一起的同事，有一些人忙得心力交瘁，到了50多岁，要么身体搞坏了、要么家庭出状况、要么遇到事业瓶颈，郁郁寡欢不得志。想想看，假如职业生涯是要一直做到60多岁，干吗在30多岁时，小孩最需要父母的时候，那么急功近利呢？到了60多岁退休的时候，另一半和小孩如果通通都离你而去了，这时回过头想想，当初的选择真的值得吗？圣经上说："凡事都有定期"，什么时候该做什么事是有定期的。在孩子最需要父母的时候留在他们身边，配偶最需要我的时候也留在他身边，到老的时候，就少些后悔。

所以，我们夫妇结婚40年来，及至今时今日都是夫唱妇随。记得1993年我们住在美国14年后，工作和生活都很好，但先生决定要从美国到香港工作时，我二话不说立刻辞职，把美国的房子卖了，全家打包搬到香港。我们在香港待了二十几年后，工作和生活都很舒适，

2016年底先生决定要到上海工作，我二话不说又立刻打包搬到上海。为了能够尽量在一起，我们夫妇教书的时候，也是同台演出，我教书的时候，请他做特别来宾讲一节；他教书的时候，也请我做特别来宾讲一节，因为我们两个的强项不一样，我们就用彼此的强项讲自己最拿手的一节，学生们的学习效果也比较好，很感恩，如此我们俩也可以到哪里都是在一起的好同工，有学生们笑称我们夫妇搭档教书是"神雕侠侣"，我们受之有愧，当笑话听听就好。

凡事都有定期

什么时候该做什么事，是有定期的。如何做有优先次序的智慧抉择呢？比方讲，有些人年轻时不生孩子，因为要挣钱、要买房、要买车，可是年轻时不生，到了快50岁才想要孩子，生理年龄过了，想再生也难了。什么时候该做什么事是有定律的，年轻的时候是谈恋爱的时候，有些人告诉孩子读大学要专心读书不可以谈恋爱，可是到了孩子30多岁还没对象时又着急得不得了。念大学是谈恋爱的最好的时机，那时交朋友比较单纯，大多数人也还没有男女朋友，选择机会很多。工作以后，想法和顾虑比较多，相对不容易。错过大学，研究所也很好，我的金融工商管理硕士(FMBA)学生有的就在同学当中找到意中人成婚了，我很替他们高兴，其中一对开学就一见钟情，一年后就结婚请喜糖，第二年期末考就生孩子请红蛋，两年金融工商管理硕士的学习，不但拿了硕士学位，还抱得美人和宝宝归，应该得个高效家庭管理奖！当然这是个可遇不可求的案例，我要强调的原则是凡事都有定期。

　　还有些事情是有时限的，过了70岁的老爸爸、老妈妈，一日比一日衰老，过一天就少一天，做子女的也不能不顾老父母。华人最讲求孝道，圣经也说："要孝敬父母，使你得福，在世长寿"，这是多美的应许和诫命，所以在外打拼的，要常常回去探望父母。我们当年从美国搬回来，也是考虑父母年老了，我爸90岁生日的时候，他的儿孙们从美国和香港、台湾各地回来陪他一起庆祝，真是儿孙满堂、福寿双全。我们若孝敬父母，也是让孩子有个学习的好榜样，在孩子面前做个好见证。

　　前面说过，我们要追求卓越，实现自我被造的目的。但是并不是一步就可以到位，也不是一步就可以实现自我被造的目的，这也是需要配合"什么时候该做什么事"的定律的。有些人很幸运，很早就找到实现自我的专业和工作，很多人是要到中年才能找到，有人甚至到老也没人尽其才。以我为例，我在IBM的培训工作岗位上做得很有激情，这份对教学、育人的热情，使我希望在离开IBM之后，可以进大学教书，帮助更多年轻人。为了做大学教授，我就得去念一个博士学位。我也很喜欢旅游，特别是喜欢到不同的国家看当地的风土人情。可是这两件愿望，都是等到我的小孩18岁离开家去念大学以后，才开始慢慢实现的。

我48岁空巢后，在国际商用机器公司（IBM）工作时才开始半工半读攻博士，六年努力，终于拿到博士学位，后来，果然如愿以偿地做了大学教授，自我实现的同时也给孩子们一个"活到老、学到老"的好榜样，我女儿说她后来决定去读博士也与我上进的心志有关。此外，很感恩的，我那段时期在国际商用机器公司是带领跨国团队的，天天要和不同种族和不同文化的人打交道，有时早上和亚太区开电话会议，下午和欧洲开电话会议，晚上和美洲开电话会议，一天下来已经旅游世界一圈了。而且因为时差太大，工作时间和当地时间不同，团队也不在当地，公司基本上让我在家上班，给我许多自主权。也因为带领跨国的团队，比较有机会因公出国，几年下来，我把亚太区跑遍了，还去了北美洲和南美洲，最后还到了中亚，这也实现了我爱到处旅游看不同风俗的爱好。我可以说，到了2001年女儿18岁离开家去念大学以后，我才找到我的梦想工作，才实现自我被造的目的。那时我的天赋、我的激情、我的优势、我的工作、我的家庭，全部可以兼顾了。假如一生要工作40年，年轻人何必急于一时呢？"凡事都有定期"，什么时候该做什么事是有定律的，只要敬虔度日，时候到了，恩典自然就加倍赐给我们。

在第一篇概念篇的篇尾，我在此小结一下教养儿女的原则。

原则 1：做个性化的培育
我相信每个孩子都被赐予一个独特的天赋，作为父母的职责就是发现孩子的天赋，创造并提供一个环境，来鼓励和支持孩子们充分发挥他们的天赋，找到他们的激情和人生目的。

原则 2：品格要锻炼，能力要塑造
要有智慧地管教孩子，培养优秀品格。天赋才干的优势要开发，但不良习惯要纠正。要塑造未来的领导能力，而不是达到短期的KPI。

原则 3：职场和家庭要兼顾
不同的时期，要有不同的优先次序。
什么时候该做什么事是有定期的。
夫妻同心合一，彼此顺服，以身作则。
健康的婚姻，良好的家教，是优秀孩子的基础。

下篇：执行篇

讲完了上篇的概念篇，在这里，我要讲下篇的执行篇。概念篇是提出几个教养孩子的大原则、大方向，在执行篇，我会讲实际操作中不同阶段的行动方针。为求言简意赅，概念篇只讲三个原则，执行篇也只会讲五个阶段。如前言说的，执行篇是基于我在国际商用机器公司(IBM)给几百位高科技专业女性的演讲，我很惊讶当时有许多高科技专业男性也来参加，可怜天下父母心，父亲也很重视儿女教养，所以，下面的话也是对父亲说的。

用项目管理的方法来管好育儿项目

我是全球认证的项目管理师,在IBM教授十年左右的项目管理课程中,许多人常问我,如何用项目管理的方法或思维方式来管好教养儿女的项目。世界上有很多好的想法、好的主意,可是常常因为目标不明确、计划不周到、执行不到位、监督不严谨,最后结局不理想。为了能够让大家落实前一篇讲的概念,我会借用项目管理的基本原则,帮助大家管理好教养儿女的项目,同时希望大家在养儿育女的实际操练当中,也提升自己项目管理的能力。

下面先简单介绍一下项目管理的基本概念。项目是什么?项目是在一个期限之内,为了创造一个独特的产品而做的努力。教养儿女项目的独特产品是什么?我认为教养儿女项目的独特产品就是培养儿女成为对社会有用的人才。教养儿女是每一位父母人生的重大项目之一。教养儿女项目是不是没完没了,死而后已呢?不是的。项目的定义既有开始也有结束，是有期限的，并不是做一辈子的项目。教养儿女的项目期限，可以是从怀孕到孩子离家去工作，或孩子结婚成家为止。如果教养儿女项目完工了，期限到了，父母就要放手让儿女自主生活了。有些中国父母任劳任怨，到儿女成家立业后，还要来管教儿女甚至孙辈，那不就是自寻烦恼吗？儿孙自有儿孙福，除非儿女开口要求，短期帮一下小忙是可以的，其它的就放手让儿女自己负责管理自己的小家和管理他自己的教养儿女的项目吧。有时祖孙三代同堂，为教养孙辈的理念不同，搞得大家不愉快，父母和祖父母的角色也混乱不清，这也就是没划清项目界限，所造成的问题。

什么是项目管理呢？项目管理是将知识和技能应用在项目中，以满足项目的赞助者（和其它利益相关者）的期望。所以每一位父母尽心尽力，用所有的资源来教养儿女，就是想满足项目赞助者对绩效的期望。想一想，教养儿女项目的赞助者是谁呢？有人说是祖父母，那可就糟糕了。因为如果教养儿女项目的赞助者是祖父母，那教养儿女的绩效好坏就是由项目的赞助者祖父母来决定的，祖父母也就理所当然地要管教成家立业的儿女，指手画脚地干涉自己的儿女怎么管教孙辈，如此父母和祖父母的角色一定混乱不清，彼此争到底谁说的算，搞得家庭气氛紧张，所以教养儿女项目的赞助者绝对不能是祖父母。

那么，教养儿女项目的赞助者是谁呢？在问这个问题之前，一定要在项目启动前，先问自己一个为什么（WHY）的问题：为什么要生儿育女？是为了谁？搞清楚生儿育女是为了谁，想清楚了，教养儿女项目的赞助者就清楚了。我认为教养儿女是为了要培养儿女成为社会有用的人才。所以教养儿女项目的赞助者应该是人类社会、国家民族。我还认为赞助者是上帝，因为儿女是上帝赐给父母的产业，做父母的要做好管家的责任来管理上帝托付的产业。

那么谁是教养儿女项目的项目经理呢？项目经理是项目的唯一负责人。项目经理要计划和组织工作，管理项目的日常活动，把项目的最终产品交给赞助者。想一想，教养儿女项目的项目经理是谁呢？有人说是祖父母，那又糟糕了，难怪祖父母认为自己是教养孙辈的负责人，祖父母也就理所当然地有权干涉儿女怎么管教孙辈。也有人说教养儿女项目的项目经理是保姆阿姨，那更是糟糕，保姆阿姨是请来帮助父母的，怎么能做教养儿女项目的唯一负责人呢？我认为教养儿女项目的项目经理绝对是孩子的父母，只有父母才是教养儿女项目的唯一负责人，如此权责分明，各司其职，父母才能专心地负责计划、组织和管理这个重要项目，尽心尽力地把儿女培养成才，对社会有个交代。

项目管理可分五个阶段，启动阶段（Initiating）、计划阶段（Planning）、执行阶段（Executing）、监督阶段（Controlling）、结尾阶段（Closing）。这五个阶段彼此之间有前后关系，在中间的计划阶段、执行阶段、监督阶段，彼此之间还有循回修正关系。我会针对这五个阶段，讲五个不同阶段的重点。在每一个阶段，建议一些要注意的事情和活动，并讲一些我们家的故事和真实案例，希望能帮助大家管理好教养儿女的项目。

育儿项目管理的五阶段

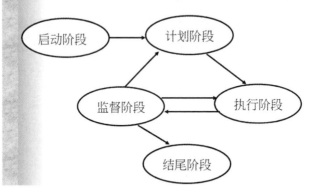

哈佛妈妈天赋教育法

一.育儿项目启动阶段

父母的责任

项目启动时，要设立项目章程。项目章程是赞助者颁发的文件，它为项目经理提供了将组织资源应用于项目的权力。项目章程包括建立项目经理作为项目负责人、项目的业务需求、项目的目标、项目的说明，并确定项目的产品、进度和预算。所以在宝宝要出生以前，父母一定要设立项目章程，确立父母是教养儿女项目的项目经理，是项目单一的负责人，不是祖父母，更不是保姆阿姨。常言道："名不正，言不顺"，这个项目章程可以确立父母是项目经理的角色，是决定项目成败的关键，一定要和祖父母好好沟通，得到大家的了解和共识，否则后患无穷。有听过一个项目团队，几个人抢着做项目经理的吗？如果项目经理不能拍板，没有被授权，怎能负责呢？同样的，祖父母和父母抢着做项目经理，互相扯后腿，后来，问题出来也不知道是谁该负责，落得个相互埋怨，这样的教养儿女项目如何能成功呢？好的开始是成功的一半，在宝宝出生以前，设立一个名正言顺、角色明确、白底黑字写清楚父母是拍板人的项目章程，是所有项目活动里至关重要的一步。

儿女应具备的素质

此外，项目章程也确定项目的产品。想一想，教养儿女项目的产品是什么？有人说，教养儿女项目的产品是使培养出来的孩子成为高智商(IQ)、高情商(EQ)、高灵商(SQ,Soul Quotient灵性、精神和品格层次高)的未来领导者。有人说，要加强全人教育，使培养出来的孩子具备德、智、体、群的综合素质。前面概念篇也提过，希望教养出来的儿女具备好的品格和习惯、正面积极的价值观，和六个C的重要能力：协同合作能力；沟通能力；有内容、有知识的能力；批判思考能力；创新能力和有自信心。以上这些都可以供父母参考，作为培养儿女应具备的素质。

育儿团队的管理

启动阶段还需要建立项目团队，设立项目团队章程、明确团队使命、计划项目活动、选择队员、组织和激励团队、建立有效沟通渠道和取得队员许诺、设定团队的绩效目标、确立团队成员的角色和目标，并且建立团队运作的规则。教养儿女项目也要设立项目团队章程，宝宝一出生，祖父母经常是最积极地加入教养儿女项目团队的人，其次是请来帮忙的保姆阿姨。这时人多口杂，父母作为项目经理，为了团队合作有效，一定要设立教养儿女项目的团队章程，设定对教养儿女的团队绩效目标，确立祖父母和保姆阿姨是帮忙项目经理的团员角色，建立团队运作的规则，确立团员要遵循项目经理的领导，即使是祖父母，在教养孙辈的项目中，也要遵循子女作为项目经理的领导。中国人讲究的是儿女要听父母的话，如何让父母听进儿女的话呢？特别是在教养儿女项目团队中，祖父母通常是经验最丰富的人，也是最易认为自己更有发言权的人，如何让祖父母能听进成家的孩子的话，这就要有极大的智慧和高情商、高沟通和解决冲突的领导能力。就像带领团队一样，必须整个团队有共同的目标和做事的方法，这个团队才能有绩效。建议买一些教养孩子的好书，父母、祖父母、保姆一起学习，为了孩子好，整个团队包括祖父母都要再学习，大家在思想上取得共识，才能齐心协力地朝着共同的理想和目标迈进。有人说，可以带领祖孙三代的团队，同心协力地做好教养儿女的项目，这个人的领导能力就提升了好几级。年轻的父母不要烦心，就当是磨炼自己领导力的好机会。

二.育儿项目计划阶段

哈佛妈妈天赋教育法

做什么？怎么做？何时完工？多少钱？和谁做？

项目计划是根据未来的项目决策，制订包括项目目标、预算、工程标准、实施程序等的活动，换言之，项目计划是预先确定的行动纲领。制订项目计划的目的在减少不确定性、提升效率，和为项目监督提供依据。项目计划应既有系统性又能灵活应变，项目经理必须参与全程的决策。

教养儿女项目的项目计划，规划些什么呢？想一想下列问题：

- WHAT？我们要做什么？
- HOW？我们要怎么做？
- WHEN？我们要何时完工？
- HOW MUCH？我们要花多少钱？
- WHO？我们要和谁一起做？

先讲一下，教养儿女项目，我们要做什么。除了前面提过的教养儿女成为有高素质、对社会有贡献的人之外，在古代，弹琴、弈棋、书法、绘画是文人骚客（包括一些名门闺秀）修身所必须掌握的技能，合称"琴棋书画"，即"文人四友"，如今是用来表示一个人的文化素养。现在许多人送小孩去各样的才艺班，培养文化素养，用心良苦，但是，这些才艺班必须是小孩主动参加的，特别是学前小小孩，要以孩子的兴趣和启蒙为主，千万不要用来做比赛或升学的工具。除非是培养成才艺专才，小时候，还是以全人教育为主，孩子的兴趣启发了以后，长大了自然就会爱上某些才艺，常常熏陶在修身养性中，一辈子受用不尽，自然会成为有文化素养的人。另外，做育儿项目计划时，要想一下，计划要用中式的方法来育儿呢，还是用西方的思路来育儿呢？还要想一想我们计划要怎么利用各种资源来做？比如：预备找些合适的书籍、才艺班、球队等等。还有，我们预备做到何时才算完工？比如：是不是教养孩子一辈子？还是教养到孩子成家立业？我们预备花多少钱？比如：预备给孩子上国际学校，还是上本地学校？要不要买学区房？我们要找哪些人帮忙一起做？比如：预备找老人帮忙，还是找合适的保姆、幼儿园和老师一起做？这些在前面上篇有提到一些，后面我还会有更多的说明。

每个小孩都是独一无二的，所以计划时，父母既要有目标，也要尊重孩子，给他们自主选择的空间。一般而言，中式的教育比较强调孩子的合群和遵守纪律，西方的教育比较强调尊重孩子个性的发展。现代的父母，在育儿项目的计划阶段，大多想用中西合璧的方式来教养孩子，大家对华人的教养方法比较熟悉，所以这里会比较深入地讲西方的思路。先举两个例子吧。

故事二十一：课外活动要以兴趣为主，不是比赛

西方教养儿女更偏兴趣导向而非成绩导向。举个我们家的例子。这是第21个故事。我们家小孩初中之前，是以全人教育为主，我们也送他们去学才艺，偶尔也让他们参加社区比赛，美国的孩子说是参加比赛，主要还是让孩子发展兴趣，经常是奖杯、奖状累累，鼓励多于竞争，所以一场活动下来，皆大欢喜。比方讲，同很多父母一样，我们也送孩子去学钢琴，因为科学发现，在少儿时坚持每天学钢琴，不仅修身养性，还帮助大脑左右脑发展更平衡，更有逻辑思维能力和创造力。所以我们也要求孩子每天练琴，他们除了参加年度学生发表公演，偶尔也参加当地的比赛。但是他们越长大就越显现出自己的喜好，到了16岁左右，儿子对电脑更有兴趣，女儿虽然从小有音乐天分，六岁时还得过全州幼童组钢琴比赛的第一名，但是，后来她比较喜欢自弹自唱，对歌唱乐团更有兴趣，孩子大了，逼也逼不来，所以那时他们也都放弃学钢琴了。即使如此，到现在，他们看到钢琴，还是会去弹一下，回味一下年少时的美好时光。

反正我们的初衷是培养他们终身的音乐艺术修养，如果我当年用专制的方式，对高中的孩子，还硬逼他们练琴，到后来他们可能看到钢琴就倒胃口，再也不碰钢琴了，岂不适得其反？

此外，父母想要孩子有独立思考和沟通的能力，必须从小鼓励小孩表达他自己的喜好、意见、逻辑、感受、决定。千万不可一味地用父母的权威来压制孩子的想法，父母不见得同意孩子的想法，但是必须与孩子充分沟通，给孩子充分的尊重。特别是当孩子长大了，更是需要如此。相对来讲，西方是比较尊重和鼓励儿女表达自己的想法和意愿的。

故事二十二：换尿布前，也会和婴儿商量

再举个例子吧，这是第22个故事。我们的外孙女住在美国，她七个月大的时候去蒙台梭利（Montessori）幼儿园，我发现她的保姆给她换尿布时都会很温柔地问她可不可以帮她换尿布。这令我非常诧异，我们华人，往往是假设婴儿不会做决策，也不用和他们沟通商量，

父母或保姆直接替他们决定是否该换尿布就好了。而西方人培养孩子独立思考和沟通讨论的能力，原来从襁褓期就开始了，这简直不可思议。我们2018年去美国度假，发现当时两岁四个月的孙女和两岁的外孙女特别喜爱一本叫《米米说不》的小儿书，读了一遍又一遍，后来，她们几乎背下来了，我很奇怪为何这两个小娃特别喜欢这本书呢？这本书是讲一个叫米米的小女娃，每次她妈妈说帮她做事，不管是穿衣服或倒牛奶，她都说："不要！我自己来。"结果不是衣服穿反了，就是牛奶撒了一桌子。我后来反思，这个故事也或多或少地描述了由文化差异形成的不同教养风格。当孩子两岁的时候，有人称之为"可怕的两岁娃"，因为他们开始有个人意见了，常常对大人的决定，说："不要。"（I don't want it）在中国传统文化中，我们不知不觉地会把孩子对父母说"不要"的行为解读为"不服从父母""不听话""叛逆"。然而，这本获奖的儿童读物，从儿童心理学的角度，把小娃说"不要"的行为，积极、正面地解读为小娃开始发表个人意见、想尝试新事物、想学习新技能，做父母的要接纳孩子希望成为独立自主又自信的人的想法。

中西的文化不同，教养方式也不同

我认为上面这个例子很好地描述了教养方式上的中西文化差异。与这种差异的出现密不可分的原因之一是，儿童心理学起源于西方，极大地影响了西方的教育理念，使得他们很早就开始关注幼儿的心理发展，即使是小小孩也被认为是独立的个体。总体而言，西方人比较个人主义，强调个人的自主性，鼓励发表个人意见，认为自由最可贵；西方人也更倾向于低威权，上下的权力距离比较小，下属和上级是比较平等的，下属可以提出和上级不同的意见，即使小小孩也可以对父母提出反对意见，孩子的想法也需要被尊重。所以"米米说不"的例子，说明小孩只要不是坏的动机，在西方是比较可以接受的。相对地，中国人比较集体主义，强调个人从属于集体，个人应当放下个人利益来服从集体利益，所以孩子被鼓励要服从团体的意见、牺牲小我完成大我，以团体为重；中国人也更倾向于高威权，上下的权力距离比较大，下属要服从上级，孩子被鼓励要服从父母和权威。所以"米米说不",在华人社会容易被认为是不听话的行为,是更难被接受的。不同文化的孩童教养,有各自认为"适当"的儿童行为,这其中就揭示了文化差异。所以,活到老学到老,用开放的心态去观察、了解不同文化中对于孩童在特定发育阶段的教养方式,也可以为我们带来许多启发。

说到从中西的家教不同来看中西的文化差异,我就想到一个非常有名的儿童实验研究。两位有名的心理学家,艾扬格教授和莱珀教授(Iyengar & Lepper)认为,东西方文化的差异,从自主与动机之间的关系可以看出来。他们比较亚裔美籍儿童和欧裔美籍儿童,在字谜游戏实验上的表现有何不同。这两位教授在美国,找了两批六七岁左右的小孩,因为这个阶段的小孩,家庭的影响还是蛮大的。两批小孩,一批是欧裔美籍儿童,这些孩子们的父母亲、祖先来自欧洲,就是所谓的白种美籍儿童;另外一批儿童是亚裔美籍儿童,这些孩子们的父母亲、祖先来自东亚,而且小孩在家里跟他的父母亲讲的母语是原来东亚的语言,表示孩子到了美国以后并没有完全放弃原来的东亚文化。

两位教授要小孩来做字谜游戏，把英文字母打乱，要小孩拼出对的字。比方讲，PLEAP，孩子们就要把它拼成APPLE（苹果）。这个字谜游戏，一共分六类，旁边有六支不同颜色的笔。两批小孩再各自分成三人小组，三个孩童派给三种不同的情境。第一类情境是自己选择情境，小孩自己可以决定选哪一类字谜，用哪一种颜色的笔来做。第二类情境是实验者指定情境，小孩被指定做某一类的字谜，用某一类颜色的笔，实际上指定他做的，就是前面自己选择情境的小孩所选的。第三类情境是妈妈指定情境，实验者对小孩讲，做实验以前，先问过小孩的妈妈，妈妈希望他做某一类的字谜，而且用某一类的笔，其实实验者并没有问过小孩的妈妈，只是借妈妈之名，要第三位小孩和前两位小孩做一样的字谜用一样的笔，所以这三类情境的小孩做的东西是一样的，如此设定，三类情境的表现好坏才能互相比较。开始做字谜时，每个小孩给六分钟做字谜，时间到了，实验者进来跟他讲，刚刚做的那类字谜要收走了，桌上还剩下其他五种字谜，同时周围还摆了一大堆各式各样的玩具，他可以随便玩任何东西。实验者走了以后，又计时六分钟，记录小孩在这六分钟等待时，花多少时间还会玩字谜，这个测量在心理学上被称为"内在动机"，在已经没有指派任何目标时，如果小孩有内在动机的话，就会继续玩字谜。

实验结果发现，欧裔美籍儿童三类情境中，自己选择情境绩效最好，实验者指定情境和母亲指定情境，两者差不多，都明显不如自己选择情境的绩效好；内在动机也是自己选择情境最高。亚裔美籍儿童三类情境中，结果是妈妈指定情境绩效最好，自己选择情境次之，实验者指定情境最差；内在动机也是妈妈指定情境类最高，自己选择情境次之。

总而言之，这个实验说明了东西文化差异。亚裔美籍儿童喜欢妈妈指定，相对于欧裔美籍儿童喜欢自己选择，是由于东西文化和家教不同，造成西方人和东方人对于自我的看法不大一样。西方的个体主义比较强调自己是跟别人分开的独立自我，所以个体非常清楚自己的价值和喜好，即使这种个人的价值和喜好与他人的期望不同，也会被尊重。相对而言，在东方传统的集体主义文化下，个体与亲近的人紧密联结、关系和谐更重要，而个体的喜好比较不那么重要，个体自我边界也不是那么清楚。孩子被认为是父母的一部分，父母的期望也或多或少地变成孩子自我期望的一部分，既然不分你我，父母帮孩子买房子、带孙子、搬到孩子家里住，似乎就变成顺理成章的事情了。三代同堂，祖父母和父母一起教养孩子，往往角色不清，造成许多矛盾。这也是为何我前面说，在教养儿女项目启动时，一定要确立父母是教养儿女项目的项目经理，是单一的负责人，不是祖父母。所以年轻的父母如果带领祖孙三代的团队，必须锻炼领导比自己资深的队员（祖父母）的能力。

中西合璧的教养方式

中西方虽然彼此的文化和育儿习惯不同，但不管是中国的父母或西方的父母，都很爱孩子，都希望孩子健康、快乐、有好品格和能力。既然东西方都是为了孩子好，就可以各取所长，找到最佳搭配。我一直认为中西合璧的教养方式对孩子是最好的。一方面用中式的教养方式，锻炼孩了的合群性和勤奋，遵守纪律等好习惯，同时也用西方的教养方式，发现和尊重孩子天赋个性和优势才干的发展。这也是为何在本书的上篇，我把后者列为原则一，希望父母能学习西方育儿的优点，发现孩子独有的天赋。我也把前者列为原则二，希望父母能不忘中国人育儿的优点，锻炼孩子的品格和能力。一些有名的华人就是受到中西合璧式教育的好榜样，比如，受到中西文化熏陶的李开复。约翰·桑顿，美国高盛公司前总裁，说他是"少数深谙中美文化的人士之一。在中国即将崛起的过程中，他将会发挥重要的功能"。李开复出生于台湾，初中时代赴美学习，在美国卡内基梅隆大学取得计算机学的博士学位。他曾是谷歌全球副总裁兼中国区总裁，也曾是微软公司的高管，在他的畅销书中，他用了近百个案例，说明他如何融会中西方的优势、均衡发展，从他的价值观和选择中，不难看出他的中西合璧理念和成功之道。（参考：李开复，《做最好的自己》，人民出版社，2005。）

三.育儿项目执行阶段

项目执行是指从正式开始到完成项目而进行的活动过程。由于项目产品是在这个过程中产出的，而且花的时间和资源最多，所以执行阶段是项目管理应用中极为重要的环节。在这个阶段，项目经理要协调和管理项目中的各种问题。执行阶段的项目会议是要团队求同存异，主要是统一认知，引到正确的方向，讨论项目执行过程中的问题，并进行反思和改进建议，至于细节问题是具体执行成员的工作。中国人一般执行力很强，设定了目标和原则，计划好了，就按计划执行。这里我要再提醒一次，每个孩子都不一样，所以在育儿项目执行时，既要有计划，也要有一定的弹性，尊重孩子的自由选择和个性喜好。比方讲，在育儿项目执行阶段，经常会出状况，计划追不上变化，事与愿违。其中父母最头痛的是青少年时期，如前篇说的，当时我们家女儿想做歌星，我们家儿子则迷上电脑游戏。如何中西合璧，一面尊重孩子的爱好，一面又能把孩子的精力转化成优势才干，是这个阶段要掌握的要诀。

　　教养儿女项目的执行阶段，是指从一怀孕开始到孩子成家立业为止。由于现代人越来越晚婚，项目执行阶段可能要从孩子零岁持续到25岁或30岁才会终止。因此,这个阶段是项目五个阶段中,时间最久、也是精力和花费最多的阶段。在这二三十年期间,孩子不断长大,在不同的年龄阶段,教养的重点和方式要有所不同。下面,我就从父母影响力的角度来说明。从怀孕到小学前,父母有绝对权威,对孩子有几乎全部的影响力;到了小学,老师更有权威,父母对孩子的影响力慢慢减少;到了初中、高中,特别是大学和开始工作以后,同学、朋友比父母更有影响力。我按照父母影响力从大到小,简单地把教养儿女项目的执行阶段分成四个时期:学前时期、小学时期、青少年时期和成年早期。我也参照《卡尔·威特的教育》一书的观点,和我们的经验,指出每个时期要注意的重点。

1.学前时期

为孩子的天赋个性打下好基础

这个时期是指从怀孕开始到孩子六岁或上小学之前。这个时期教养孩子的目标是为孩子的天赋个性打下好的基础。这段时期，前面说过，父母对孩子有极大的权威和影响力，所以要抓紧机会，好好打下基础，否则孩子越大，越难更正，好的开始是成功的一半。有人问我，刚刚怀孕，该做什么事？最简单又直观的回答，就是"种瓜得瓜、种豆得豆"的原则，做父母的想孩子怎么样，妈妈怀孕时就做什么事（爸爸有影响，但是胎儿在妈妈肚子里，所以妈妈还是最主要的影响）。父母想孩子爱读书，妈妈怀孕时就多看书；父母想孩子爱学习，妈妈怀孕时就多学习；父母想孩子脾气好，妈妈怀孕时就修养好、不生气；父母想孩子有爱人的品德，妈妈怀孕时就多爱周遭的人、多做善事；父母想孩子有音乐、艺术修养，妈妈怀孕时就多听音乐、多看画展；父母想孩子爱好研究分析，妈妈怀孕时就多思考和分析；父母想孩子身体强壮，妈妈怀孕时就多补充营养、多运动。前面提过"一千天的假设"，小孩的教育可从胎教开始，两岁前，许多专家认为是打下智商的基础，六岁前是打下孩子天赋、个性、品格和情商的基础。

有人问，学前教育太重要了，但是要做的事太多太杂，不知从何下手，希望有一些简单活动，既对孩子有益，父母也觉得有趣可行。我根据前面讲的原则，归纳出以下一些学前小孩的活动给大家参考：从小教孩子语言能力，从胎儿时，就可以和他说话，大些时，开始帮助孩子用语言作为掌握知识的工具，可从具体的事物开始，再讲故事、角色扮演、一问一答。注意父母要用正确的句型和发音，不要用小孩牙牙学语的方式，比如，要讲"鸭子"，不要讲"鸭鸭"，要讲"牛奶"，不要讲"奶奶"。小孩，大约三岁半时，就可以认字开始读小小书。这时期，以全人教育为主，德、智、体、群，平衡发展。特别是德行方面，要从小建立对错的观念，说谎、打人等坏习惯，越小越容易纠正，大了以后，就可以省了许多烦恼。这个时期，所谓的教，并不是上课，而是启发兴趣，父母和孩子一起探索、一起玩游戏。最好的玩具是"不完整的玩具"。比方讲，与其买个玩具厨房，不如用家里的日用品，小水桶、小毛巾、小碗、小勺子，和屋外的小石头、树叶，来扮家家酒，玩包粽子、煮水饺、洗碗、抹桌子的游戏，要比完整的玩具厨房更有天马行空的想象空间。最坏的玩具之一是电视，除非是父母和孩子一起看优良的教育短片，比方讲，我们家平时是不开电视的，如果要看教育节目，也是我们全家一起看美国公共电视网（Public Broadcasting Service）的自然（Nature）和新星（Nova）的节目，看完了还要一起讨论心得，经年累月下来，父母和孩子都从中得了许多有趣的新知。有些父母怕小孩吵闹，就长期开着电视让孩子看，小孩只要懒懒地看，不需动脑，哪来的德智体群平衡发展？而且还把眼睛搞坏了，现在的手机、平板电脑也是如此。有时小孩没理由地吵闹，主要是因为太无聊，快乐的小孩，都是有充分的机会学习知识和建立自信。

孩子两岁前，假如是双薪父母，最好是有一方在这段期间留在家或只做半薪，而且极尽所能地找到最好的保姆照顾。在学前时期，不管是双薪父母，还是一方在家，父母每天都必须花两三个小时和小孩在一起，最好其中抽一小时，和孩子一起散步，探索大自然的创造、增强体力。和孩子在住家附近散步，可以很有趣，那时我们家附近有条小溪，儿子从小爱捉昆虫，他两、三岁时，我们还玩过把树叶当船，载着小蚂蚁在小溪里漂流的游戏。周末，可以带孩子去各式各样的地方，比方讲，看朋友、买菜、听音乐会、参观博物馆和去艺术馆、动物园、植物园、工厂、医院、教堂，等等。每周带孩子上图书馆借书。我们家附近的社区图书馆，每年暑假都有读书奖，鼓励孩子读书，我们家的孩子都有参加，儿子五岁那年暑假，还一口气读了34本书。

做父母的要尽量每天回家和全家人吃晚饭，即使要加班，也等孩子睡了以后再做。吃晚饭的时候，和孩子谈各种有趣的话题，鼓励孩子提问，全家一起思考讨论，最好的问题是连父母都不知道答案的问题，这样，饭后还可以全家一起去找资料，继续深入研究讨论。对孩子有兴趣的事物，父母自己也要活到老学到老，要和孩子一起查资料和观察研究，一起成长。学习的期间，要专注，没有打扰。如果有合适的兴趣班也可以考虑，我们家儿子五岁时，喜欢游泳、捉鱼和玩电脑，我就让他参加短期的游泳班和电脑班。

故事二十三：睡前搂着说故事的温馨时间

这时期，父母在孩子眼中还是最值得信赖的人，父母的肯定和爱可以建立孩子的自信和安全感。举个例子，这是第23个故事。我们家孩子睡前一定要有搂着说故事的温馨时间，我们也从中给予孩子充分的爱和安全感。但是，到了老二出生以后，两个都要讲睡前故事，讲完一个再接一个，时间到了两个还不肯自己睡。我就把孩子喜欢一再听的故事录下来，特别是把孩子自己参与的声音也一起录下来，几年下来，孩子也各自累积了二三十个录音带，我在孩子的卧室各放一个小录音机，孩子有空就可以随时选自己爱听的故事听，到了该睡的时候，即使爸妈不在身边，爸妈的声音可以陪伴着，听着听着，孩子就自己睡着了。我发现他们爱自制的录音带胜过花钱买来的录音带，可能是比较喜欢听父母和自己的声音，所以教养孩子，最重要的是要花时间和用心思，花钱买来的并不一定是最好的。

2.小学时期

培养孩子开阔的视野、观念和品格

这个时期是指从孩子六七岁上小学之后到12岁小学毕业之前。这个时期教养孩子的目标是更深入地开阔孩子的视野、观念和孩子的品格。记住，千万不要硬塞一堆技术性的知识给孩子，有人说教育孩子要像点一盆火，点起孩子学习的火花，填鸭式的教育是灌满一盆水，反而浇灭了孩子的学习热火。这个时期父母的影响力还是很大的，所以父母要把握机会，每天必须花一两个小时时间陪孩子，继续前面学前时期的常规活动。这时，孩子比较成熟，孩子要学会基本的生活和照顾自己的能力，比方讲，自己铺床、刷牙、洗脸、穿衣、按时上学、做功课、睡前收书包、整理房间、预备好明天的衣服、读经祷告等等。这时也可以给孩子做小领导的机会了，让孩子逐渐开始负责日常事务。比方讲，帮忙摆碗筷、洗碗、抹桌子、报告新闻、写日记、计划旅行、画地图、帮父母拿拖鞋、倒水等等。还要给孩子组织事务的机会，比方讲，孩子自己筹划生日派对，决定时间、地点、蛋糕、饮料，邀请哪些人，预算是多少，自己写邀请卡等等。要如何招待客人可按孩子的能力而定，父母尽量只做辅助角色。另外，要培养孩子写作能力，写日记是一个好办法，孩子从三、四岁时就可以开始养成写作的习惯。

故事二十四：从小培养写作习惯

举个培养写作能力的例子，这是第24个故事。我们家孩子，文笔都不错，就是因为从小有写日记的习惯。小时候三四岁的日记是用画的，特别是女儿喜欢画小儿书。到识字以后，我给他们一本本空白的书，让他们写下自己的小秘密和创作小书，他们一方面练文笔，一方面增加创作和自省能力。我们家的储藏室里至今还收集着他们小时候创作的小书和小日记。日记和小书，对低班小孩，用绘画的方式表达更生动。记得我们家孩子在小学的时候，我们夫妇开车带他们去佛罗里达的迪斯尼世界玩，他们大开眼界玩得十分开心，回来以后两个人合作画了一张半个墙壁的海报，把迪斯尼世界里他们喜欢的好玩项目，全部画在海报上，贴在女儿的床头墙上，没事就看看，一起回忆美好时光。

这个时期孩子在学校的时间比较长，受学校的影响越来越大，所以要选最好、最合适的学校和老师。在美国，有些城市，对资优孩子，有免费的公立资优班，请的老师也是这方面的专家，我们家小孩三四岁时，就被心理学家测试出智商比较高，所以从小上资优班，很早就有很好的老师帮助他们。除了好学校，这时孩子的活动力和兴趣也越来越广，也要选合适他们的课外活动，鼓励他们发展各自的兴趣。

故事二十五：从捡石头，到对科学的兴趣

举个培养孩子兴趣的例子，这是第25个故事。我们家的儿子，对收集分类特别有兴趣，只要他开始收集某一类东西，我除了鼓励他，同时提供他各种资源支持。比方讲，他五六岁的时候，喜欢在我们家附近到处捡石头，正好我们有位邻居是读地质学的研究生，看到儿子喜欢捡石头很可爱，就教他认不同种类的石头，后来，还教儿子认有些石头当中的矿物和化石，这位美国年轻人还教我去哪里买地质、矿物和化石的小图书给儿子。那一阵子，儿子成了"低头族"，天天在地上找宝藏，他裤袋里经常装着石子，有时不注意没掏清裤袋，洗完衣服烘干时，就听到晃啷、晃啷的声音，好在我们家的烘衣机结实，否则早坏了。儿子被石头启发以后，我们

就一起看书和到大学的地质矿石博物馆参观，研究各类的矿物和化石。那时正好社区的图书馆举办认养石头的活动，儿子不但热情参与，还给他认养的石头取个名字叫"亚当"，真是十分有趣。后来，儿子还从化石的兴趣转移到恐龙和古生物和地球、星球，我们就和他一起看书学习和到自然科学博物馆参观，没想到一颗小石头可以引发出这么多好玩的兴趣和知识。

故事二十六：支持孩子下棋和多动脑

我们家儿子从小爱动脑筋，举个例子，这是第26个故事。他六岁的时候，发现图书馆正在推动下西洋棋的活动，当时去的都是大人和初中生、高中生，那时有个美国老先生看儿子对下棋有兴趣，就主动教他下棋，从此，每周六下午，儿子都要我带他去下棋。有一次，有个记者觉得很有趣，还把儿子专注下棋的神情拍下来，因为美国的男孩好动，大部分参加球队，很少有小男孩会坐得住下棋的，所以记者把儿子下棋的相片，在当地的报纸登了半页的版面，上面写了一些下西洋棋可以培养思考和策略能力等等，鼓励孩子们下西洋棋的话，在美国南部亚洲人很少的地方，亚洲小男孩可以上报也算稀奇。

故事二十七：从水边抓鱼，到对生命科学的兴趣

儿子从小对生物非常热爱，至今如此，举个例子，这是第27个故事。他四五岁时，我们给他一个小网和小钓鱼竿，他可到水边捉鱼虾，有时他会去捉蝌蚪回来，看着它们长出脚来，变成青蛙跳出去放生，百看不厌。到他小学时，我先生还带儿子到人烟稀少的小岛去捡活贝类、海星、海葵，捉来的生物，可以养的，放鱼缸里观赏，死了的蚌壳，洗干净晒干，放玻璃展示柜。后来，我们家每次搬家，儿子小时候捉来的晒干的海马、海星和蚌壳一定好好打包，一运到新家，就立刻放回展示柜中。那时我们一起看书和到海族馆、贝壳馆，研究各类的水中生物，我们也增长了见识。儿子也爱捉冷血动物，家里养过他捉来的蜥蜴、乌龟、昆虫。有一次，他还把一条蛇也带回家，把我们全家都吓一大跳。

后来，儿子从对生物的兴趣，开始转向对人体的结构有兴趣了。那时，我发现当地有一家卖教育性材料的小店，我根据儿子不同时期的兴趣，买过人体挂图、飞机类型挂图、昆虫分类挂图、宇宙星座图、地球仪、地球演变历史等，这些挂图贴在他的床边墙上，他没事就在那里边看边研究。到了儿子十多岁时，我甚至买过一套别家小孩不要的几块美金的二手化学实验器材。结果没想到，儿子发现几个化学元素混起来居然会冒烟，为之惊叹，天天玩得爱不释手，我常常提醒他别把房子烧了。说到此，大家可以发现，我们教育子女时大部分都是利用当地很便宜的资源，就地取材就像我前面提过的，养孩子不一定要花大钱，重点是要花时间、花心思陪孩子，父母和孩子一起成长。

品德、灵性和精神方面的培养是儿女教养里最重要的，也是最基础的部分，因为要彻底改变一个人一定要改变一个人的心才行。古人说："攻心为上"，想培养出优秀的孩子，也要从心出发，来建立起孩子品德、灵性和精神的健康。古人说："人在做，天在看"，也是这个道理，如果全靠外在的监督，你抓我躲，不但事倍功半，还养成做表面功夫的坏习惯。圣经上说："无论做什么，都要从心里做"，是做给上帝看的，不是做给人看的，如此孩子就会学习自律，不敢背地里做坏事。

故事二十八：抓住机会，从小培养孩子的品德

举个培养孩子品德的例子吧，这是第28个故事。品德方面的教育，学校有教，但是仍然不足。我们除了自己家里教之外，也充分利用当地的资源。比方说，为了培养孩子合群品德，我鼓励孩子参加由社区家长和小孩组成的团体活动，和其他家长一起做义工，一起群策群力、一起合作、轮流办聚餐、接送孩子，这样一来大家都省时省力。团体活动可以培养孩子的团队精神，特别是运动队，还能增强孩子的体魄。我们家的孩子参加过棒球队、足球队、游泳队、童子军队、中文班、合唱团等等。此外，教会的儿童"主日学"老师也帮助我们家孩子学习真理和是非，除了每周日的"主日学"之外，每逢暑假时，孩子在家无聊，我就送他们去暑期"主日学"，在游戏中建立好品格，非常感谢那些叔叔、阿姨和大哥哥、大姐姐的无私奉献。所以有西彦说，教养小孩，需要

一村子的人来合作帮忙，真是如此。

故事二十九：让海外的孩子学习中华文化

对于海外的孩子，许多父母希望孩子喜欢中华文化，既会说当地的语言，也会说中文。科学也证明，学习双语让脑子更灵活，思路更广，更聪明。但是实际做起来困难重重，怎么办呢？这是第29个故事。孩子身为华人后裔，父母应教导孩子以中华文化为荣，中文一定不可以荒废，否则在海外的环境下，如果孩子缺少对中华文化的认同，孩子很容易自卑，这是海外华人父母共同的挑战。我们相信中西合璧的教养对孩子好，所以我们家坚持让孩子学中文和饭桌上要讲中文（我们家家规之一）。我们家孩子，女儿10岁、儿子14岁之前在美国，平时用英文，中文又难，又用不上，我们虽然在家里教，但他们上小学以后就不肯学中文了。所以我们就和当地的华人家长，组成中文学校，家长轮流教孩子，华裔的孩子们一起学汉字、中文歌、书法、中国画，孩子有玩伴也就愿意来学中华文化了。记得我们家儿子，最爱唱的一首歌就是《龙的传人》，和中文班的孩子们在舞台上一起唱时，他很以自己是龙的传人为傲。一般美国老师是鼓励学生分享不同文化的，过中国年的时候，我们孩子都有机会在班上表演中国歌舞，舞龙舞狮、敲锣打鼓的，他们有机会在其他同学面前表演，更以懂中华文化为荣。美国老师也欢迎家长到学校做义工，我总会在过年、过节时去推广中华文化。记得有一次，我让孩子当场表演用筷子夹花生，还送全班小朋友每人一小盘花生和一双筷子，大家一起学用筷子夹花生，寓教于乐，全班小朋友玩得不亦乐乎。

中华文化注重孝道，1993年我们搬到香港以后，每逢过年、过节，就带孩子回台湾老家探望祖父母，孩子有机会享受祖父母的疼爱，除了拿红包、吃糖果，还能享受满满一大桌的中国菜，也有机会和伯伯、姑姑、舅舅和堂表兄弟姐妹一起玩。记得有一阵子，孩子和他们的堂表兄弟姐妹在一起，自编自导西游记、包青天、嫦娥奔月等剧，演给大人看，逗得祖父母和大人们哈哈大笑。孩子每次回老家见祖父母，中文就进步许多，特别是对喜爱的中国菜名，倒背如流，免得下次点菜叫错菜，吃大亏了。

虽然孩子18岁以后去美国念大学，天天讲英文，好在我们当初坚持，至今他们的中文都讲得不错。现在他们也延续这个优良传统，对着自己的孩子从一出生就讲中文，我们去他们家玩时，他们希望我们和孙辈讲中文，教孙辈中文歌，读中文故事书给孙辈听，所以我们家现在两三岁的孙辈们也爱讲中文、爱唱中文歌、爱吃中国菜，也爱学汉字。说到教汉字，我发现两三岁的小孩，喜欢学汉字甚过英文字，因为英文字母本身没什么意思，但是汉字里的许多字都是有意义的，而且还是有趣的图形，学汉字就像学认小猫小狗的图片一样，小孩可以把汉字当图画记下来，对这个年纪的小孩来说，学汉字要比学会把一串英文字母拼出音来更容易。但是等小孩大一点学会英文拼音后，认英文字就比认汉字容易多了，所以要想让海外的小孩喜欢学中文，需要从小就教。我们希望在美国长大的孙辈，在受到英文主流文化的冲击之前，先打下喜欢中文的基础，不忘中华民族优良的传统文化，这可能是我们做祖父母的最能传承给海外孙辈的财富之一。

在小学时期，我们每年都至少会和孩子出去旅游一次，来增广见闻、促进感情（这个传统一直沿袭到如今），我们常开车去其他州的海边、博物馆、国家公园玩，或探望其他州的亲友们。一旦决定了地点和行程，孩子们就到图书馆去借书或录影带，全家人一起研究当地的人文和地理，回来以后还会写旅游心得。他们到了青少年和大学之后，家里的经济条件比较好了，我们一家人的足迹逐渐遍布西欧、北美、南非、亚洲、澳洲，所以孩子从小就有地理常识、国际观和对不同历史文化的尊重。

故事三十：搬家和旅游都可以扩展思路

主动的安排旅游可以增广见闻，被动的搬家也可以扩展思路，得到意想不到的结果。这是第30个故事。记得1993年我们决定从美国搬到香港，那时儿子14岁，女儿10岁，当时两个人对现有的生活很满意，听说要搬到地球的另一端的陌生地方，又气又怕，一把眼泪一把鼻涕的，不肯离开他们从小长大的舒适地方和从小一起长大的玩伴。女儿甚至气得说，她要搬去她最要好的朋友家住，不愿意跟我们去香港。我们只好安抚他们说：

"先去香港试试，不喜欢，过一年就搬回来"。结果，他们从美国南方的20多万人的小城搬到七百多万人的香港国际大都市，突然大开眼界，发现这个东西文化、经济、交通枢纽的东方明珠果然名不虚传，他们每天都会接触到不同的国籍、种族、语言、思想、肤色、食物、穿着等等，这让他们的思想变得更开明。同时他们到了香港，才有机会深入了解中华民族悠久的历史文化，才真正以自己有华人血统、会说中国话、懂中华文化为傲。过了一年，我们问孩子要不要回美国，两个人都说不要再回到作风保守的美国南方小城了。

后来，有人问我，当年搬家担不担心孩子适应问题，我的看法是，"家人在哪里，哪里就是家"，家可以搬，但是只要有家人的爱在身边，就可以抵挡外来的挑战。后来，孩子双双被哈佛大学录取，听说也和他们有海外居住经验、中西合璧的文化素质，以及开放的世界观有关。当年全家搬到香港是为了我先生的工作，我只想到家人一定要在一起，没想到后来所得到的超过我所求所想，岂能不感恩呢？

如何平衡两娃？用公平的爱

　　小学时期，孩子可能会开始兄弟姐妹之间的争风吃醋，大的会觉得爸妈被小的抢走了，小的会觉得大的有特权可以做很多小的不准做的事，如何平衡两娃很困扰年轻的父母。想想看，一个成年人，假如在工作中遇到不公平的待遇，也会很不高兴。其实，不只人类会对不公平的待遇不满，连猴子也是如此。我想起有个很出名的卷尾猴拒绝不等报酬的心理学实验（引自：弗兰斯·德瓦尔博士，Dr.Frans de Waal）。实验是这样的，两只卷尾猴被关在彼此可以看到的各自的笼子里，猴子被要求把笼子里的石头捡起来给实验者，实验者就会给奖励。猴子喜欢葡萄甚过青瓜。第一轮的实验，两个猴子做一样的工作，实验者都给了青瓜做奖励，两只猴子拿起青瓜就吃了，彼此相安无事。到了第二轮，第一个猴子捡起石头给实验者，实验者给它葡萄，然而第二个猴子一样捡起石头给实验者，实验者却给它青瓜，结果第二个猴子看着第一个猴子吃着好吃的葡萄，心里是又忌妒又生气，不但不肯吃青瓜，还愤怒地把青瓜从笼子的缝里丢向实验者，把手伸出笼外，拍着桌子表示抗议。古人说"不患寡而患不均"，猴子不满不公平待遇，更何况是一个屋里的兄弟姐妹们，所以做父母的一定要公平对待儿女。我想再提一句，这里的公平并不是完全平均，父母一方面要公平，另一方面也要有个别考量，这样孩子不仅得到了个别需要的爱和安全感，也明白了与人分享共处之道，兄弟姐妹长大了也会团结友爱。

故事三十一：
对待两娃，要公平又有个别考量

如何平衡两娃？举个例子，这是第31个故事。我们家孩子小时候睡前一定有温馨时间，熄灯后，我会在他们各自的小床上，搂着他们谈心，通常是聊今天最棒的时刻，和聊今天最丧气的时刻。有最棒的事，我就和孩子一起开心，有丧气的事，我就开导他们。为了公平，两个孩子都有温馨时间，但是基于个别需要，哥哥的温馨时间会比较长，因为哥哥比较安静话少，只有讲悄悄话时会说心里话。两个孩子都按家规公平赏罚，但是哥哥平日比较少撒娇、少要东西（女孩可打扮的小东西比较多），所以有奖赏时，也是"长幼有序"，哥哥那份多一些。要是两人相争，为了公平，两个都罚。但是如果是哥哥有错，我们是私下谈话和处罚，在妹妹面前要给哥哥面子，否则哥哥就没有足够的权威来领导妹妹了。

"长幼有序"还有个好处，我和先生都要上班，精力有限，所以，很早就授权给哥哥领导妹妹的机会。比方讲，周六早上不上班，我们想睡个懒觉，那时让六七岁的哥哥做领导，照顾两三岁的妹妹，给她喝牛奶加麦片，又陪她玩，等我们睡足起床，哥哥就有一个美金25分的铜板和一条巧克力做奖励，这时，哥哥也奖励妹妹的配合，会分一半巧克力给她，结果皆大欢喜。及长，哥哥会教妹妹功课，我们同时也给哥哥一些妹妹年幼没有的特权做奖励。比方讲，哥哥可以自己骑单车出去玩，妹妹太小不能自己骑出去。有时，两人相争，两个都不对，我们只要说："再吵下去，两个都罚"，他们就面面相觑不吵了，因此，他们很早就学会了"有福共享、有难同当"的重要性。

讲到公平，有一次念小学低班的女儿丧气地说："上帝太不公平了，为什么给哥哥这么多聪明才干，却不给我？"当时，哥哥大、妹妹小，哥哥在学校老是上台领奖，妹妹只能跟着去捧场，就觉得哥哥比较棒。我们家从来不把两个孩子攀比，有了挑战也是机会，我就赶快开导她，告诉她："上帝是公平的，只是给哥哥的天赋才干和给你的天赋才干不一样，至于爸妈，两种天赋才干的孩子都爱。"记得当时，女儿高兴地给我一个大拥抱，开心自信地去玩了。我认为在这种情况下，公平并不是要一模一样地对待，真正的公平是要因人而异，给每个孩子公平的环境和发展的机会，让他们发挥自己的天赋才干。

从小，我就向孩子灌输一个观念，每个人的个性、天赋、才干都不一样，不要攀比，重要的是要珍惜自己独一无二的天赋才干，好好努力不要浪费上帝给的礼物，才能不辱托付。我跟孩子讲圣经上三个仆人的比喻，比喻是这样的，从前有个仆人，主人给了他五千两银子，后来，他为主人赚回五千两银子；又有一个仆人，主人给了他两千两银子，后来，他为主人赚回两千两银子，他们都尽了自己的努力，所以主人对两个仆人都称赞，再把更多的银子和更重要的事托付他们。可是第三个仆人很懒，把主人给的一千两银子，埋起来没用来赚钱，气得主人把他丢了出去。这个管理银子的比喻，也可以应用在管理自己被赐予的天赋才干上面。我们家儿子好静、爱学习就往功课方面努力。女儿从小活泼好动、爱唱歌弹琴、人气旺，往唱歌、演讲、社团、音乐、艺术方向发展。我认为上帝是公平的，只是每个人的恩赐不同，每个人都可以做最棒的自己，不需要攀比。总之，父母既要公平，又要有个别考量，这样孩子就比较能做到"兄友弟恭"，团结友爱，所以我们家两个孩子在一起很少吵架，也从来不打架。有一次，在睡前温馨时间，我个别分开问他们："妈妈最喜欢谁？"两个都说："妈妈最喜欢我！"，听到他们这么说，我就放心了。

故事三十二：太乖的模范生也有问题吗？

太乖的模范生也有问题吗？有时是的。这是第32个故事。儿子从小听话、懂事，体谅大人的难处，个性安静又好学，照美国人的讲法，儿子是老师的宠物。儿子的功课从来不需要我们操心，从幼稚园开始，年年拿校长奖，而且全班小朋友年年选他是最有礼貌的同学，每次开家长会，嘉奖完了还是嘉奖，我们有个好友说，如此乖的模范生，根本不用管，谁都可以做他的父母亲。记得儿子二年级的时候，有一天他的同学的妈妈告诉我，儿子在全校广播时，被老师邀请对着全校师生读自己写的短文，因为老师觉得他写得很好，值得表扬。我听了很惊讶，问儿子如此值得引以为荣的事为何没回家讲呢？儿子回答说："没什么啦"，他认为不值一提，我心想儿子谦虚也是美德呀。又有一次，钢琴老师问有没有回家练琴？有没有人要上来表演一曲？有一两个小孩举手上去表演，我知道儿子在家弹得比这些小孩好，事后问他为何不上去表演呢？他回答说，他如果上去，弹得比这些小孩好，会让他们难堪，他自己知道自己的程度好就行了，我心想儿子谦让不争出头也是好事呀。还有一次，他被冤枉错骂，也不出声，事后问他为何不申辩，他说，他自己知道对错，有时大人心情不好，没关系的，我心想儿子脾气好也是难得呀，也没在意。直到有一次去开家长会，儿子的二年级老师，是个男老师，提醒我，儿子太乖、太安静，在美国社会会吃亏的，在家要给他多说话的机会，否则会被人忽视。我才大梦初醒，原来太乖的孩子也有问题。从此，我就安排儿子吃饭的位子正对着我们夫妇，吃饭时请他先发言，他若太安静，我会主动请他说些他的看法。另外，也安排一些他喜欢的团体活动，给他发言机会。几年下来，儿子已经学会沟通技能，虽然他天性还是喜欢多听少说，但是只要他发言，特别是辩论或演讲，都讲得头头是道的。

我教的学生，大部分大学本科时是学理工或数量方面的，多数比较安静内向，到了社会上，他们会以为外向的人比较容易引人注意，比较有领导力，其实不见得。事实上，研究发现，对比较主动的团队，内向的领导，团队绩效比较好；相对地，对比较不主动的团队，外向的领导，团队绩效比较好。所以，天生我材必有用，不同的个性都是好的，只要好好发挥出自己的天赋才干就可以了。我要提的是，人的天性自有优点，人的喜好很难改，也不需要改，对于短板，可以学习一些技能来辅助，在需要时，可能用得上。一个人的优点用过头有时在某些场合可能成为他的扣分项目，比方讲，喜欢安静独处是好的，但是完全不与人来往就做过头了，因此基本的社交礼貌和人际技能还是要培养，这样，出席一些重要的社交场合时，即使心里仍不喜欢，但短短一两个小时还可以应对得过去。我们内向的儿子，后来就想了一个办法，在有些必要的社交场合，他干脆找个桌子表演魔术，不用多言一样可以引人注目。其实，古人说："沉默是金"，"言多必失"，都是对安静自省者的褒奖。每种个性都是好的，重点是要能够发挥出自己的天赋才干。

故事三十三：爱可以建立安全感和抗压力

父母的肯定可以树立孩子的自信，举个例子，这是第33个故事。小学时期，父母在孩子眼中还是最值得信赖的人，父母的肯定、父母的爱可以建立孩子的安全感，增强孩子的抗压能力来抵挡外面的风吹雨打。1990年，我们儿子五年级、女儿一年级时，我先生休学术假，我们把孩子从美国带到台湾上本地小学，女儿功课简单适应得不错，可是儿子因为五年级功课比较难，他的中文基础太差，连考试题目都看不懂，虽然老师特别宽待，数学考试题目是读给他听的，中文基本是用口试，半年下来，中文程度突飞猛进，但是挑战也不小。儿子在美国是学业如鱼得水的资优生，结果来到用中文的地方，英文完全无用武之地。有一次，他很丧气地说，有些同学骂他是笨蛋。这时我想，有了问题也是有了教育机会的时候，我跟他说，爸妈知道他的天赋才干，也知道他有尽力和进步就好了，不要为在台湾短暂的挫折而丧志，也不要为在美国一个小城市的成功而骄傲。

1993年，类似的事又发生一次，当时我们从美国搬到香港，儿子来读高中，他自己选了本地学校，结果他发现他在美国拿手好戏的数理化，到香港只能拿到中上的成绩，他也十分丧气。后来回想，这几回挫折，让他很早就学到了"人外有人，天外有天""不要自以为高人一等"、不要傲慢的谦卑功课，要有开放和放下的胸怀，以及不要太在意成败。古人说："不以物喜、不以己悲"，就是要我们不要太依靠外在的得失，这样才能对自己有真正的认识，对人生有长远的眼光。我们家还认为做人只求对神、对自己负责就好了，不用计较短期得失。儿子长大后，读哈佛大学医学院和麻省理工学院双博士的时候，在持续而辛苦的科研生涯中，遇到许多挑战，周遭的人都劝他放弃科研去找个现成的钱多事少的工作，大家，包括我们做父母的，都惊讶于儿子为理想永不放弃的超人耐力和自信。后来他成为生物科技研究的领先者，可能和他几回挫折培养出来的强大抗压能力也有关。所以，做父母的不要过分保护孩子，小时候有些合理的挫折也是好事，只要父母用爱和开放的心来理解孩子，建立孩子的自信心和安全感，反而可以培养孩子的奋斗精神和抗压能力，对孩子来说，这会是一生受用不尽的资产。

3.青少年时期

培养孩子独立的能力，尊重孩子的个性

这个时期是指从孩子13岁上中学之后到18岁高中毕业之前。在这个阶段，教养孩子的目标是培养孩子的独立能力，尊重孩子的个性，为孩子的长大离家做准备。这个时期的孩子已是青少年，有的个子比父母还高，已有很强的自主意识和想法，个性喜好也越来越明显，也越来越寻求独立。在这段孩子逐渐长大成人、寻求独立自主的过程中，父母的影响力慢慢地减少，同学、朋友的影响力越来越大。

故事三十四：要注意青少年身边的朋友

常常有父母问，青少年时期，孩子越来越不听话，有时甚至越来越反叛，怎么办？这是第34个故事。我前面提到，到了初中、高中，同学、朋友比父母更有影响力，同侪压力(peer pressure)很大，所以一定要注意孩子身边的同学、朋友们，如果孩子身边的同学、朋友都是好孩子，自然会牵引自己的孩子一起走正路。古人说："近朱者赤，近墨者黑"，就是这个道理。青少年时期的孩子，非常在意被同学认同与否。我们家儿子当时就遇到一些排挤，因为儿子从小功课好，但是体能比西方人差，有些小孩就笑他是书呆子，儿子很泄气，我就主动邀请一些和他志同道合的男孩来家里玩，这些孩子都是品学兼优的资优生，后来，他们几乎每周都一起下西洋棋、一起玩电脑、一起踢球、一起去童子军、一起去中文班、一起代表学校参加科学、数学、社会科学的比赛。我们家儿子，有好友支持，信心大增，就不在乎其他小孩的嘲笑了。儿子在初中时，还在学校发起西洋棋社，最后在他的领导下，这个棋社还得了全市西洋棋比赛初中组第一名。等这五六个和儿子一起玩的孩子长大时，我才发现，他们都读了很优秀的大学，成为了社会精英，可见同侪对青少年的影响力不可忽视。

故事三十五：高中生谈恋爱，怎么办？

至于我们家女儿，在青少年时期，也非常在意被同学认可与否。这是第35个故事。如前面提过，我们家女儿从小社会活动力强，经常上舞台唱歌，知名度高。当时国际学校谈恋爱的风气很盛，我们很担心，于是，我就主动邀请一些和她志同道合、品学兼优的女孩来家里玩，这些孩子也都是资优生。其中有一部分是她青少年"主日学"的女同学，她们的父母也和我们一样，对女儿在高中谈恋爱的事很反对，如何面对国际学校恋爱风气的同侪压力呢？大家就去请教长老，这位长老很有智慧，建议每个父亲都送给自己女儿一个美丽高贵的戒指，取"戒止"之意，表示这个戒指是爸爸和女儿的约定，没有出嫁之前要顺从爸爸的保护，戒止婚前性关系，出嫁之时这个爸爸的戒指才能取下，当爸爸在教堂把女儿的手交给女婿时，女儿才换上结婚戒指。当时我先生给女儿的戒指是一个小碎钻戒指中间镶着一粒很小的红宝石，同学们一般都是戴假的戒指，因此更显得女儿戒指的气质高贵，女儿很喜欢，她说每天一洗手、一伸手就摸一下，时时刻刻提醒她和爸爸的约定。

除了主日学这一批好友之外，我也主动邀请一群和女儿志同道合的资优女同学来家里，女儿和这些好友几乎每周都一起练唱歌、玩乐器、读经祷告。女儿高中时，在学校发起的学生诗班乐团，还得了全市比赛第二名。此外，女儿还在学校发起学生团契，她们一群女同学一起追求真理，彼此鼓励向上，女儿也在高中毕业前，看清人生大方向，决志信主，受了洗。这时，我们才真的放下大半个心，觉得她长大懂事了，即使是单飞去美国念大学，她一定会有教会和团契照顾和引领。如今，和女儿一起玩的这两小群孩子长大了，我才发现，他们都读了很优秀的大学，成为了各有所长的社会精英，可见同侪的影响力之大。

说起青少年谈恋爱，做父母的都很担心。现在的孩子早熟，又受到社会开放风气的影响，虽然父母老师都反对，怕青少年谈恋爱情绪波动影响学习，但是孩子半懂不懂，明的不谈恋爱，暗的还是偷偷谈，监督重要，但是孩子的心理更新更重要，心理的改变谈何容易。除了前面讲的，父母要用好同侪来影响自己的孩子，我们家还靠信仰的力量，时时向更高、更伟大的神来求助。早在我们家孩子一上中学的时候，我就为孩子未来的配偶祈祷，祈求孩子未来的配偶有高尚的品德、有共同的信仰，也真心爱我们的孩子，我也祈求赐给我们的孩子，有眼光、有耐心地等待如此的配偶，等待期间要专心做好修身和自己现有的学习任务。

故事三十六：给孩子组织和负责活动的机会

青少年时期，孩子想脱离父母寻求独立，既然想做大人，我们就借机教导孩子有权力就有义务的观念。这是第36个故事。在美国13岁就可以单独出门不需要有大人看管，与其让精力过剩的青少年无聊捣蛋，不如给他们一些13岁以前不能做的工作，有时还可以赚点零花钱，顺便学习管理金钱。比如说，做邻居小孩的保姆，帮忙邻居割草，做邻居小孩的家教，大点到附近咖啡厅打工等等。我们家喜欢接待宾客，每次有聚会的时候，当时，我们家两个青少年孩子就是现成的服务员，他们招呼客人，给每一位客人送托鞋、倒饮料、找好位子坐下，吃完饭两个孩子负责收盘子。有一段时期，我们家每周开家庭聚会，聚会的客人中通常会有人带着年龄比较小的小孩一起来，吃饱饭后，我们家的孩子最大，理所当然地充当保姆和孩子王，大人们在客厅聚会谈话，我们家的孩子就开放他们的房间，让男孩进儿子的房间玩，女孩进女儿的房间玩。听说这些被我们家孩子带过的小孩们，每周都期待到我们家和大哥哥、大姐姐一起玩，因为他们觉得和我们的孩子玩比较没有代沟。我母亲是个乐善好施、十分好客的人，我也是从小被训练接待宾客，做服务员招呼客人。这个爱邻舍、爱朋友、爱人如己的优良传统，是一代传一代的，孩子也从中学到如何服侍长辈、领导小辈、友爱朋友。所以我们家不管在哪里，一定有一间客房，用来接待远来的客人，一方面让自己有服侍的机会，另一方面我们也可以向客人学习，事实上我们一路过来，得到的祝福比我们付出的多得多，正如圣经说的："施比受更为有福"。

故事三十七：父母不了解孩子的兴趣，但要尊重

青少年时期，我认为做父母的一面要有权威，一面也要和孩子做朋友，理解他们、尊重他们。这是第37个故事。这个时期，父母要花心思了解每个孩子独特的天赋、才干、激情、个性，还要进一步开发使之成为孩子独特的优势。儿子青少年时期，迷上电脑病毒，到处收集各种电脑病毒，把家里的电脑搞得一身是病，然后，他用各种杀电脑病毒的软件来做实验，研究看哪一种杀病毒的软件最厉害，最后他拿着研究结果参加了科学大赛，还得了全州电脑组第二名。前面讲过，儿子从初中开始迷上电脑游戏，还写了一个电脑程序，一群人可以一起上网比赛找宝藏。当时我们怕他太着迷，该做的事没做，也对他玩电脑时间进行了限制，不过要是他表现优良，我们也会给他更多的玩电脑的时间作为奖励。

2006年到2013年，我在IBM电脑公司有一部分的工作是负责培养信息科技架构师。当时我发现公司的年轻信息科技架构师和我的儿子一样，个个都爱打电脑游

戏。为了提高他们的学习兴趣，我就心生一计，干脆开发一个学习游戏，让那些年轻的信息科技架构师来学最新的架构技术。结果这群学习者不仅学习热情高涨，而且工作绩效也被他们的老板认可。我的老板很欣赏我带领的电脑游戏团队的创新，还在全公司推广用电脑游戏学习，后来，我被公司内部期刊采访，记者问我哪里来的新思路，我笑笑说，是被我儿子启发的。最后我把这个电脑游戏学习的成果写成一篇论文名叫：《电脑模拟游戏可以增进工作绩效吗？IBM的案例》。（参考：全球管理学会第73届年会优秀论文集，2013年8月）。后来，儿子长大了，在一流学术期刊发表论文，他说他的研究灵感源于可以挖掘到别人找不到的宝藏，按照儿子的说法，这可以部分归功于当年打了许多找宝藏的电脑游戏。其实，电脑游戏是中性的，好好用可以造就人，滥用就会害人。所以，不管是电脑游戏也好，或其他嗜好也好，虽然短期内父母不见得理解孩子的爱好和激情，但是只要是在合理的范围内，父母需要了解孩子、尊重孩子，给他们自由飞翔的空间，说不定孩子的爱好和激情，将来会带来意想不到的惊喜。

4.成年早期时期

成年早期是指18岁上大学到成家立业之前的时期，是孩子开始选择专业和找寻工作方向的启蒙时期。如乔布斯说的，事业成功要配合一个人的激情，年轻时选择合适的专业也要看一个人的激情。一个人有激情地工作，一般是要这个工作既是这个人的天性喜好又是他的优势才干。如何帮助成人早期的孩子了解自己的个性喜好和优势才干呢？下面我会介绍几个工具给大家参考。

帮孩子寻找和兴趣匹配的专业

关于了解孩子的个性和喜好，前面我已经提过可以用MBTI测试，需要再次强调的是，MBTI测试要等到孩子15岁差不多是上高一的时候，才可以考虑开始做。MBTI除了前文提过的有四个英文字母，每个字母还标出倾向度的分数高低，MBTI不是测能力，MBTI分数高的人不代表能力强，只是代表个性比较鲜明，喜好比较明显，在这种情况下，个性会影响一个人的激情和专业的匹配；MBTI分数低的人，不代表能力弱，只是代表个性和喜好比较不明显，专业选择也比较有弹性，可以考虑其它因素，比如，工作环境和待遇等。至于选专业，中国孩子很少有机会被问自己喜欢什么，年轻时报的科系很多是父母亲选的，这个现象在港台和海外华人中也很普遍，听说有些美籍华人甚至只给孩子四个选择，做医生、律师、工程师或读硕士、博士，现在可能多了个做金融师的选择。这些孩子们，每天忙忙碌碌，毕业后选择工作时，也常常被逼着跟着社会追逐物质的回报，缺乏长远的职业规划和人生的目标，久而久之，有些人甚至出现一些精神和健康问题。即使是受了开放思想影响的美籍华人，也只有百分之十的人喜欢他们的工作（引自：炫简Jane Hyun，"打破竹子天花板"Breaking the Bamboo Ceiling）。所以个人的兴趣喜好和职业不匹配可能是中港台和海外华人的普遍现象。

帮孩子发掘有意义的职涯

　　如何找到喜欢的工作和幸福的人生呢？我在这里介绍一个框架。日本古代有个"ikigai"的概念，大致意思是"过有意义的生活"。"iki"的意思是"生活"，而"gai"的意思是"价值"。"gai"来自"kai"一词，意思是"壳"。古时候贝壳可以做货币使用，是有价值的意思。所以"ikigai"可解释为在生活中找到价值，找到意义，或者发现自己人生的目标。"ikigai"可以帮助一个人找到人生的目标，并使人获得向前的动力和生活的满足感。人生很多时候是在工作，人生的目标很大部分是透过工作来达到，选一个给人动力，又有满足感和有意义的工作和专业，是至关重要的。所以，后来"ikigai"也被人用来作为选工作和专业的参考。做父母的如果想帮助自己的孩子过有意义的生活，做个快乐的职场人，也可考虑用"ikigai"思维方式。

如何找到"ikigai"过有意义的生活和职业生涯，可问下面四个问题：

1）你爱做什么？

2）你擅长做什么？

3）世界需要你做什么？

4）这个工作别人会付钱给你吗？你能得到什么报酬？

一般来说，一个人找工作，会先考虑ikigai的第四点，找个工作能赚钱养活自己和家庭，这方面比较没问题，只要努力相对容易。其次会考虑第三点，找个对社会有用的正派工作，这也比较不难，只要不选择不道德的工作即可。比较难的是找一份工作，除了满足前两点之外，还能满足第一点你爱做什么和第二点你擅长做什么的条件。假如一份工作既是你喜欢的又是你擅长的，那就要恭喜你了，你找到你的热情和激情了，记得前面提过的。激情是成功的法则，只要再配上相对容易实现的第三点（正派工作）和第四点（待遇足以养家），这就是你的梦想工作了。

故事三十八：要问孩子："你爱做什么专业？"

先讲第一点，你爱做什么？许多中国父母望子成龙、望女成凤，志向和初衷是好的，可惜有时方法不当，明明孩子不喜欢电脑、工程、金融、会计，硬是威胁利诱逼孩子放弃自己的激情、违背自己的天性，有些孩子因此入错行，一辈子不得志。MBTI的个性测试，可以帮助回答"ikigai"第一个"你爱做什么？"的问题，选择专业时可以用它来作参考。讲个真实案例吧，这是第38个故事。我曾经辅导过一个优秀的MBA学生，他并不喜欢金融工程，但是因为父母认为学金融工程比较有出路，所以他只好很听话地努力考上了一所名校的金融工程系，一路学习了许多金融的知识，工作以后也很努力的培养金融的技能和经验。上了我的课后，他说他不喜欢他的职业，来找我辅导。我看了一下他的MBTI个性类型，他是ENFP 外向、直觉、感性、灵活应变型，是一个激励人追随理想和梦想的人。可是，他现在是在一家保险公司做风险管理部的经理。他问："我的MBTI类型是一个典型的ENFP，个性很外向却做了7年的风险管理工作，绝大多数时候都是坐办公室，比较少接触前端客户，总觉得工作很闷，老板和同事也不了解我。"我的回答："之前的办公室工作是很违背你外向的天性，你的直觉和感性的个性，会比较喜欢也比较投入做和人打交道的工作。你可以考虑结合过去的金融和风控的知识、技能和经验，去轮调或换岗到你喜欢的和客户打交道的前台工作！"

再举个例子。我曾经辅导过另一个优秀的MBA学生，他的父母认为做市场营销和期货销售赚钱快，他课后也来找我谈话。他是MBTI个性类型中的INTJ型，内向、直觉、理性、计划型。他问："我内心的真实性格是非常内向的，但我的工作却属于中前台的营销，为了适应工作需要，我常常强迫自己表现得外向，久而久之，很多人都觉得我是非常外向的类型，而我常常确实也觉得自己好像是。但我常常倍感疲惫，稍有空闲还是想独处，就这么在非常外向与非常内向之间频繁转换，我甚至觉得自己要精神分裂了"。我的回答："你的内向的性格喜欢做更加专注的工作，你的直觉、理性的性格喜欢更加专业、更加有战略性的工作，你的计划的性格喜欢更加长周期的销售工作。比方讲，专注的满足两三个大客户的需要。不必盲目地去学习其他销售员外向性格跑很多客户的做法，这样一方面会很累，另一方面也会丧失你内向专注的个性优势"。其实类似的个性喜好和工作性质不匹配的案例并不少，所以父母有时以为是对孩子好，不了解孩子的个性和激情，只知道拿自己的孩子和其他人比较，导致儿女入错行不开心，甚至搞到儿女叛逆，最后做父母的很可能是好心做坏事。其实长期来看，父母和儿女的关系好才是最重要的，不要等到自己老了，失去了儿女的心，才追悔莫及，那么养儿育女的真正意义又是什么呢？我认为望子成龙应该是望子成为他自己最棒的龙，望女成凤是望女成为她自己最棒的凤，而不是强迫儿女圆父母自己的梦或是实现父母为儿女设定的理想。

如前面提过的，我们家的孩子在上高中和上大学时，为了避免孩子的天赋和激情被埋没或个性被误解，我都帮他们做过MBTI测试，结果儿子是独立思考、分析和解决复杂问题型，女儿是擅长言辞、影响和沟通说服型。我了解了他们的个性和偏好之后，就能比较有针对性地辅导和支持他们的激情和选择，最后，儿子按照他的个性和激情选择了电脑、医学、生物科技，女儿按照她的个性和激情选择了心理学、组织行为学、管理学。我们很感恩可以支持他们找到对他们自己有意义的专业和人生目标，如此孩子们不但选择了自己喜爱又有意义的专业，同时也增进了亲子关系，岂不事半功倍了吗。

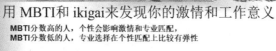

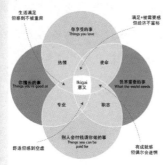

用 MBTI和 ikigai来发现你的激情和工作意义

MBTI分数高的人，个性会影响激情和专业匹配，
MBTI分数低的人，专业选择在个性匹配上比较有弹性

"iki"：生活
"gai"：价值
"ikigai"：过有
意义的生活

帮孩子找到独特的优势/优势识别器

有人问MBTI是用来了解一个人的个性喜好，帮助回答"ikigai"的第一个"你爱做什么？"的问题，但是爱做的事不见得擅长做啊！比方讲，我喜欢音乐，但是我的五音不全，就不能选择自己不擅长的音乐专业了。如何帮助回答"ikigai"的第二个"你擅长做什么？"的问题呢？如何发现孩子的优势才干呢？有一些评估工具可以帮助父母。我喜爱用下面两个比较出名的评估工

具。一个是"优势识别器"《Strengthfinders》，另一个是"优势配置清单"SDI《Strength Deployment Inventory》。优势识别器是由克里夫顿（Clifton）与盖洛普（Gallup）团队合作创建的，用于测量一个人的个别才干优势，帮助人如何开发工作中个别的人才和技能。发现了个人的优势才干以后，也要懂得如何将优势应用在团队之中。"优势配置清单"是测量人的优势风格类型的，主要用在团队合作上，帮助队员了解彼此不同的风格类型、动机和价值观，进而帮助彼此互补、管理短板、处理冲突和改善关系。

下面我先讲优势识别器《Strengthfinders》这个工具。优势识别器的作者克里夫顿(Clifton)，主张成功的秘诀是要发现一个人自己的优势才干并且使用自己的优势。这个成功的秘诀可以用在职场生涯上，特别在自己要跳槽、换岗位时，想想这个新工作是不是用到自己的强项。或者领导者在用人的时候，想想每个下属的优势强项是什么，怎样因材适用给每个下属分配合宜的工作，然后鼓励队员之间彼此分工合作，来发挥团队最好的绩效。这个成功的秘诀也可以用来发展孩子的个人优势才干，和辅导孩子取得个人、升学和职业的成功。在此我要先声明，优势识别器的测试，孩子不到15岁不要做，因为小孩子14岁以前优势才干比较有弹性，父母可以偏重全人培育，15岁以后孩子优势才干比较稳定，主见比较强，父母就可以顺着孩子的优势才干来培育。至于了解小小孩的优势才干特性就像MBTI一样，可以用观察法。

"优势专家"也被称为积极心理学者，认为每个人都有自己的长处、强项或优势，不管这些人是否意识到自己的长处。这些优势才干通常是自然而然的，往往是不被注意的核心力量。积极心理学可以帮助人意识到自己的优势才干，集中精力充分发挥自己的潜能。这种力量是"一种感觉、思考和行为的能力，在追求有价值的目标时，可以实现最佳的效能"（斯奈德 & 洛佩兹 Snyder & Lopez，2007）。"优势专家"们研究发现，建立和使用一个人的优势有下列优点："1）用一个人的优点让人更快乐。使用自己长处的人拥有更高的幸福感和更低的抑郁感。2）用一个人的长处使人更有自信。那些更善于利用自身优势的人会表现出更高的自我效能感。3）发挥一个人的优势会带来更高的自尊。4）用一个人的长处给人更多的能量和活力。5）利用一个人的优势可降低压力。6）利用一个人的优势使人更有弹性与韧性。7）利用一个人的优势使人更有可能实现目标。8）运用一个人的长处有助于人在工作中表现得更好，而强调弱点则降低绩效。9）运用一个人的长处可以帮助人更加投入工作。10）用一个人的长处帮助人的自我发展和成长。"

优势识别器的概念是基于对商业和教育领域众多职能的杰出人物的研究，这项超过40年的才干研究，其研究焦点在于识别与成功有关的持久思维、情感和行为模式。研究结果发现，人的才干可以分成四大类、34个才干主题，它们是：

- 执行力：成就、统筹、信仰、公平、审慎、纪律、专注、责任、排难

- 影响力：行动、统帅、沟通、竞争、完美、自信、追求、取悦

- 建立关系：适应、伯乐、关联、体谅、和谐、包容、个别、积极、交往

●策略思维：分析、回顾、前瞻、理念、搜集、思维、学习、战略

（以上资料详情和优势才干测试请参考"盖洛普优势识别器2.0"，汤姆.拉思(Tom Rath)著作，中国青年出版社，2012）。

我们在应聘工作的时候，经常被问的问题是，"请说出你的五大优点或者长处"。大部分的面试者，在回答这个问题的时候，都需要思考一阵，无法立刻回答。这点并不出乎意料，因为在我们从小受教育的过程中，更多地要求我们关注自己的缺点并加以改正，而不是发挥自己的优势才干。但是充分利用每个人的才干优势，是许多公司用人的基本准则，用人的时候首先考虑的是优势而非短板。所以在帮助成年早期的年轻人选择一个给人动力和满足感的工作或专业时，我会用优势识别器来帮助发现他的优势、长处和职场竞争力。

故事三十九：找到量身订造的梦想工作

我喜欢MBTI和优势识别器，还有个人的原因。这是第39个故事。我1995年做信息技术经理的时候，有电脑硕士学历和丰富的电脑技能和工作经验，但是到了中年危机时，总觉得我的工作像吃鸡肋，食之无味、弃之可惜，每天都好像在戴着面具上班。1999年接触了MBTI，根据MBTI的说法，我的类型是ESFP外向、实感、感性、灵活应变，就是一个把工作变得有趣，友善热情，又喜欢帮助人的人，不喜欢从事每天面对电脑、很少和人互动的工作。所以有一次我抓住机会，轮调到人事部做管理培训方面的老师，我一教书才突然发现海阔天空，从此乐不思蜀，每天有激情地把我的所学和经验传授给年轻人，学生喜欢我这位把学习变得有趣的老师，我也发挥了个性特质中寓教于乐的独特风格。从此，就立志做教学育人的工作，因为有激情地工作、时时想些创新的点子，我在这个岗位上表现优异，后来，也因此升职为国际商用机器公司培训部的资深经理。

2018年，我又有机会接触优势识别器，我用优势识别器看了我的五大优势才干报告，我的五大优势才干是：（1）完美（Maximizer）专注优势、激励人追求完美；（2）积极（Positivity）乐观向上、富有感召力；（3）沟通（Communication）善于言辞表达；（4）行动（Activator）将想法付诸行动；（5）取悦（Win Other Over）易博取他人欢心、建立广泛人脉。看完优势才干报告就可简单描述我的理想工作是，"找个用到我的积极乐观向上、富有感召力、易博取他人欢心、建立人脉的工作，而且发挥我善于言辞表达，并能以行动来激励他人追求完美的工作"，报告还直接说我适合教育、销售、管理的工作。回想在IBM的最后几年，我转到新兴国家的销售部，管理150个国家的技术领导接班人的培育工作，其中有一个最被人津津乐道的项目，是我每年在世界各大城市巡回主办三四十场的技术交流大会，这个项目激励了近万个技术领导人的士气，让大家一起来追求更完美的绩效。我在这个项目中充分运用了我的跨国人脉、发挥了正能量的沟通力。有许多同事说，这份工作简直是为我量身打造的梦想工作，最后，我自然而然地被升成高管，也印证了乔布斯说的，成功的法则是要做有激情的事。回想起来，当时这个工作不只用上了我的知识技能和经验，更用上了我的五大优势才干，而且也契合我的MBTI把工作变得有趣、友善助人的个性喜好。我很感恩找到我的"ikigai"过着有意义的职业生涯，活出美好自由的生命。

我们家的女儿的五大优势才干是：（1）沟通（communication）善于言辞表达；（2）完美（Maximizer）专注优势，激励人追求完美；（3）统筹（Arranger）善于运用现有资源，实现最大功效；（4）战略（Strategic）足智多谋，迅速找出规律和重点；（5）追求（Significance）希望在别人眼中举足轻重，被认同。难怪，她从小爱上舞台，爱在别人眼中被认同做领导，爱代表全体发言。做了教授以后，除了有优异的学术研究，她很会激励学生追求自身的完美。她的统筹才干，从策划统筹自己的婚礼可以看出来。她除了策划了一场教堂婚礼之外，还策划了两场晚宴，她用最少的资源请了最多的亲朋好友，还要全场宾客参与游戏，是我见过最热闹、最感人的婚宴。我家女儿非常忙碌，但足智多谋让她做事常常事半功倍，而且她脸上常挂着笑容，有她在的地方，总有笑声。她说做一名管理学教授就是她的梦想工作，她找到了有意义的生活，真是感恩。

所以我喜欢推荐优势识别器这个工具，希望它能帮助大家找到最能发挥自己优势才干的工作，过着ikigai式的有意义的生活，能像圣经上说的，"如鹰展翅上腾"，活出美好自由的生命；而且我一路也帮助许多年轻人追求他们的ikigai，如今我很感恩能够在大学教授的岗位上，帮助更多的年轻人找到有意义的工作，祈愿他们能够海阔天空地飞翔，活出更理想的人生。

故事四十：找到既能发挥特长又有意义的工作

我用优势识别器辅导了一些职场的年轻人，举两个真实案例吧，这是第40个故事。有一次，有个非常优秀的年轻人，在海外求学并在海外做了几年金融方面的工作，希望换岗找个更能发挥自己特长又感觉有意义的工作，他就来找我。我用优势识别器看了他的五大优势才干报告，他的五大优势才干是：（1）回顾（Context）通过揣摩过去了解当前；（2）审慎（Deliberative）做决策时会设想所有可能的风险；（3）交往（Relator）喜欢人际间亲密关系；（4）前瞻（Futuristic）对未来充满憧憬；（5）关联（Connectedness）相信凡事必有成因，宇宙是互相关联的。基于他的五大优势才干，我做了以下解读：他的回顾和审慎的优势才干帮助他在做金融决策时能基于过去资讯做好风险管理；他的前瞻的优势才干适合做未来取向的创新行业的投资；他的交往优势才干适合在一个相处和谐的企业氛围里工作；他的关联优势才干适合在一个有不同领域、文化、事务等等彼此关联的企业工作。经过深入讨论，结尾时，我们共同写下一句话描述了他的理想工作，"找一个创新的长期金融投资顾问的工作，而且这个企业很重视友谊，也重视跨文化的氛围"，他非常高兴的开始更有针对性的寻找他的新工作，我祝福他早日找到他的"ikigai"过有意义的职场生涯。

又有一次，有位女士希望找个工作能够发挥自己的特长和感觉自己有价值，她也来找我。我用优势识别器看了她的五大优势才干报告，她的五大优势才干是：（1）学习（Learner）旺盛的求知欲；（2）责任（Responsibility）言必有信而忠诚牢靠；（3）信仰（Belief）相信明确的生活目标和永恒的价值；（4）伯乐（Developer）发现并培养他人的潜能；（5）成就（Achiever）喜欢就就业业有所作为。基于她的五大优势才干，我做了以下解读：她的学习优势才干要在一个不断学习不断更新的工作中更能发挥，所以避免去做一个保守不变的职位；她的责任优势才干合适做负责人；她的信仰优势才干需要在一个有意义的工作里贡献；她的伯乐优势才干帮助她来培养人才；她的成就优势才干让她向绩效目标努力。经过几次深入讨论，结尾时，我们共同写下一句话描述了她的理想工作，"在一个对社会有贡献的组织里，负责一个不断更新核心技术的职务，同时又能帮助他人学习和成长，并且这个工作是个可以评估其绩效成果的工作"，她也非常高兴地开始更有针对性地寻找她的理想工作，我也祝福她早日找到她的"ikigai"过有意义的职场生涯。

大家请注意，我这里讲的发挥优势才干，并不代表认知自己的天赋才干后就不需努力，反而是，知道自己的才干后，可以更有针对性的加强相关的知识、技能，才能把天赋才干转化成优势，也就是"优势专家"们说的："天赋是种子，优势是结果。"应用到教养孩子上时，一方面要发现孩子的天赋才干，更有针对性的加以技能的培养和知识的扩充，孩子也要不断努力实践练习，才能更高效利用自己的天赋才干，创造价值，建立自己独特的优势，成为最棒的自己。

帮孩子学优势互补管理短板/优势配置清单

育儿项目是一项团队工作,父母双方必须充分配合才能有好绩效。团队管理专家卡赞巴赫(Katzenbach)和史米斯(Smith)在团队的智慧(1993)书中说:"最好的团队成员是互补的",因为团队面对外面的变化和挑战,需要不同的技能和观点,特别是多变和创新的项目。在今天这个剧变的时代养儿育女,夫妻间需要角色互补,分工合作,才能高效,大家常见到"严父慈母"或"慈父严母"的角色搭配,就是夫妻在个别的优势才干上,学到彼此尊重和合作,才可以达到互补的功效。

前面介绍的"优势识别器"主要是运用在个人层面,帮助个人在工作时发挥自己的优势。但在团队层面,如果每个成员只顾极大化自己的优势风格,有时容易用过头,会使其他成员特别是和自己不同优势风格的人不满和误解,反而造成团队合作的困扰。下面我要介绍一个工具叫"优势配置清单",就是特别处理这种团队中不同优势风格之间冲突的问题。"优势配置清单"是美国心理学家埃里亚斯·波特（Elias H. Porter）博士首创。"优势配置清单"是一个了解自己的有效工具，明白自己的优势、自己的动机、自己的价值观，进而管理自己的短板和处理冲突。"优势配置清单"所谈的优势与"优势识别器"所谈的优势不同，它指优势风格类型，即把类似的优势才干放在一组，用颜色来命名不同的优势风格类型。

人的优势风格可分成四种类型，分别用四种颜色代表。

●红色(RED)："红色倾向"的人，自信、有权力欲、办事干脆利落、有上进心；

●蓝色(BLUE)："蓝色倾向"的人，忠诚、助人、关心他人、支持他人；

●绿色(GREEN)："绿色倾向"的人，审慎、分析、节俭、有原则的；

●彩色(RAINBOW)："彩虹倾向" 是红蓝绿中间混合的人，有弹性的、愿意改变的、易适应的；

为了形象化这四种优势风格类型，我把学生们按颜色类型分组，请每组学生画一个最能代表他们自己优势风格类型的动物、口号和歌。以下是一班学生的分组类型自绘图，我觉得还蛮有类型代表性。学生们用忠诚的狗来代表"蓝色倾向"的人，用容易适应又随遇而安的猪来代表"彩虹倾向"的人，用有威权又勇猛的豹来代表"红色倾向"的人，用冷静又审慎的蜘蛛来代表"绿色倾向"的人。这班学生选用的动物类型图，既有创意，又蛮有趣，希望能帮助大家更容易了解这个工具。

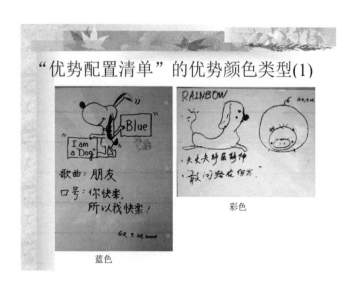

"优势配置清单"的优势颜色类型(1)

蓝色

彩色

"优势配置清单"的优势颜色类型 (2)

红色　　　　　　　　　　　　　　绿色

　　了解了团队每位成员的优势风格类型，有了知己知彼的洞察力，队员之间可以进行更有效的沟通与合作。比方讲，团队需要办事干脆利落的人，"红色倾向"的人做起来更有优势；团队需要有人关心他人、支持他人，"蓝色倾向"的人做起来更有优势；团队需要分析、谨慎的人，"绿色倾向"的人做起来更有优势；团队需要有弹性的、愿意改变的人，"彩虹倾向"的人做起来更有优势。不同优势类型的成员如果能透过了解和包容来彼此互补合作，就可充分利用队员中的所有优势，使团队更高效。这个工具不但可以帮助父母用各自的优势来分工合作，而且可以帮助孩子学习和不同优势的人团队合作。

前面说过一个人要成功，既要增加成功机会，也要减少失败风险。专注优势可以增进个人成功机会和职场竞争力，但是并不代表认知自己的优势才干后，就不需要管理自己的短板。短板是妨碍一个人成功的绊脚石，管理短板可以减少失败风险。如何善用团队成员不同的优势风格，同时又能管理短板呢？比方讲，"红色倾向"的人，自信的优势用过度就会被人误认为是傲慢；"蓝色倾向"的人，忠诚的优势用过度就会被人误认为是盲从；"绿色倾向"的人，有原则的优势用过度就会被人误认为是不通人情；"彩虹倾向"的人，把愿意改变的优势用过度就会被人误认为是前后不一致。

"优势配置清单"是一个可帮助处理优势冲突和管理短板的工具。让我们了解很多冲突是因为没有必要的误解造成的，有时对方的缺点很可能是他的优势风格用过头，而引起别人误解和反感。这个工具不但可以帮助父母分工合作和处理优势冲突，也可以帮助孩子学习这个功课。

　　总之，处理优势冲突，个人方面，就是要在发挥自己优势之时，不要用过头，否则反而变成缺点。另外，在起冲突之前，想想可能是对方的优势用过头，就不会太计较了。团队方面，在自己比较弱的才干方面，考虑和别人互补合作，因为对方的优势可能正好补自己的短板，自己的优势也可能正好补对方的短板，这样彼此就可以扬长互补、创新共赢。（详情请参考，"优势配置清单"网址：totalsdi.com。）

故事四十一：如何优势互补又能管理短板呢？

有人问，有没有既能发挥各自优势又能互补合作和管理短板的例子呢？这是第41个故事。讲一个怎么把上面两个优势工具用在我们家的例子。我的"优势配置清单"是"红蓝色混合倾向"的人，我的优势是有红色的自信又有蓝色的同情心，但是有时不注意，红色优势用过头就会给人强势、鲁莽的感觉，有时蓝色优势用过头就会给人妇人之仁的印象。比方讲，在教养孩子上，有时孩子不守规矩，我"蓝色优势"用过头，可能不够坚持原则。我先生是"绿色倾向"的人，优势是有原则、赏罚分明，就可以补我的不足；缺点是，有时他太守原则，优势用过头变成没有同情心，这时，我"蓝色类型"关心人的优势就可以补我先生的短板。

我和先生因为优势不同，在教养儿女上就像阴和阳一样，是很好的互补团队。举例来说，女儿在高中的时候，有一次犯了一条家规（把功课做完后才可以玩），她功课没做完，就溜出去逛街买裙子，后来，被她爸爸逮到了，她爸爸一气之下，罚女儿自己拿把剪刀，把新买的漂亮裙子剪掉，女儿当时一面剪、一面哭，既心疼、又害怕。我觉得我先生在这件事上小题大做，不近人情，但没有当面和他吵，因为我们家的管教原则是，即使双方意见不同也要尊重对方，不能当着孩子的面拆对方的台，何况我先生是在执行家规。事后，我私下劝我先生，我先生也觉得自己处理方式太过激烈，就让我等女儿做完功课后，陪她去逛街，买了一条更漂亮的裙子，这样女儿就释怀了。后来，女儿长大懂事了，了解爸爸爱之深、责之切的心，父女成了好朋友，女儿还追随她爸爸志业，成为管理学教授。记得2007年到2015年间，我们一家三个管理学家，每年一起参加全球管理学会年会，彼此切磋，彼此鼓励，一时成为同行朋友圈中的佳话。他们父女两人都教管理学又是同行，有时就拿这个管教孩子的故事当糗事讲。其实，世上没有完美的父母，当然也没有完美的儿女，像我在这本书开头说的，我们也犯了一些为人父母的错误，但是只要能与孩子建立信任和爱的关系，在神的祝福和守护下，这些错误也不会对儿女造成太大的伤害。

总之，父母在使用优势时，同时要学习和自己优势不同的人分工合作，一起互补共赢，而且要避免过度使用自己的优势，来减少彼此的冲突。父母也要这样教导孩子，帮助他们增加成功机会，同时减少失败风险。

四.育儿项目监督阶段

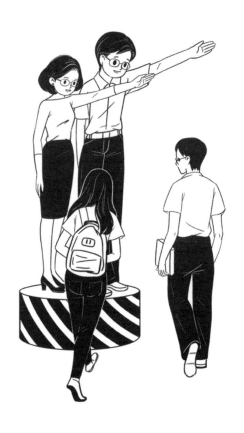

育儿项目监督有四个步骤

项目监督是按照项目计划，在执行项目的过程中，对项目进行跟踪监督，以使项目按计划规定的进度、产品指标完成，并提供反馈，以利后续阶段的跟进和整个项目的完成。项目监督有四个步骤：事先建立标准、一路观察绩效、比较实际和计划的绩效、如有偏差则采取纠正行动。前面阶段谈到，父母建立了培养孩子的素质标准后，最好把素质标准写下来并且张贴出来，一方面提醒父母教养孩子项目的目标，另一方面也可以用来检测以便归正。执行监督时，每个小孩都不一样，所以监督时，既要有原则，也要保持一定的弹性，给孩子自主的空间。

育儿项目监督阶段

有四个的步骤

建立标准

观察绩效

比较实际和计划绩效的偏差

采取纠正行动

监督阶段需要先建立规范标准。家里的规范就是家规，讲个有关家规的故事吧，这是第42个故事。企业有企业文化，也有企业规范，家里有家风，也有家规。家规不要多，要精简扼要、明白颁布、执行到底。孩子小时候懂得守家规，长大就懂得守校规、到了社会会守法，工作时也会守职业规范。在孩子青少年时期，贴在我们家餐厅的家规，很简单只有四条。第一条，服从爸爸的权威；第二条，饭桌上，要讲中文（因为孩子在学校和外面讲英文）；第三条，晚上11：00点以前要回家；第四条，把功课做完后才可以玩。家规建立时，要树立威信，事前解释清楚，执行时，一定要坚持到底，不可有妥协。

为什么我们家要有这四条家规？我解释一下。首先孩子在青少年时期，由于荷尔蒙大量分泌，身体快速发育成长，但是此时心智尚未成熟，很容易做出各样失控的行为。假如孩子能从小学会服从一家之主的权威，父母就能保护孩子，不会受到各种外界伤风败俗的影响，比方讲，逃学、吸毒、上网成瘾等等，所以家规第一条，服从爸爸的权威。注意，服从父母的权威不是一言堂的专制，而是开明的严格，是出于爱的管教，父母在做影响孩子的决定时，孩子可以充分发表意见，父母聆听后会做出最合适的选择，但是为了保护孩子，未成年的孩子最后必须尊重和接受父母的决定。家规第二条，饭桌上要讲中文，这主要是因为两个孩子从小在美国长大，英文是母语，他们兄妹之间的交流很自然是用英语。为了使孩子对华人的血统和文化有认同，我们家就坚持孩子从小在家讲中文。特别是每天吃晚饭时，全家一同交流，一定要用中文。第三条，晚上11：00以前要回家，这主要是要确定青少年时期的孩子，在外参加各种社交活动，不要流连忘返，把自己陷在各种危险中。最后一条是把功课做完才可以玩，主要是确定孩子对自己做学生的职责有责任心，并且养成自我控制欲望的能力。家规中并没有把绩效放在里面，因为我们认为人品和素养更重要。我们家不要求孩子课业一定要拿到全A，当他们拿到A时，我们为他们高兴并且奖励，当他们拿不到A时，我们主要是帮助他们找出原因来，以便改进，因此孩子在学习上，没有来自父母的外在压力，就更能保持健康的学习心态。

故事四十三：观察绩效/建立成长档案

　　监督阶段，建立标准之后，需要观察绩效。举个例子，这是第43个故事。为了观察教养儿女的执行绩效，我建议父母为每个孩子建立成长档案，把陪伴孩子的过程记录下来。我们家小孩18岁以前，我为每个孩子，准备了两本小册子，专门记录他们的成长过程。在他们很小时候，我在小册子上，写下希望培养他们具备德、智、体、群的综合素质。比方讲，在他们成长过程中，我送他们去男女童子军、主日学培养品德，去图书馆借书培养求知好学习惯，去参加棒球队、足球队、游泳队来强壮体魄和培养团队精神。每半年或一年，我就会用这四个素质做指标，检讨一下，孩子有没有进步，有没有偏差，有没有需要修正的地方，有没有需要我们支持的地方。到了孩子大一些了，我就培养他们养成自我计划、自我检讨的习惯。每年年底他们都要写第二年的新年新希望，并且检讨刚结束的这一年有没有达到去年底写的新年新希望的目标，没有达到的，新的一年要怎么改进，这样，也帮助孩子学习做年度计划和自我监督的能力。我们有一位很受人敬重的长辈，他们家每年年底都有感恩回顾和设定下一年的新目标的传统，父母帮孩子保存这些新年新目标，半年时提醒一下。他们家已经坚持了30年，后来孩子长大成婚，连媳妇也加入，最后连孙辈也加入，先是孙辈在纸上作画，儿媳帮孙辈写，后来，孙辈大了就自己写，他们家每人有个每年的新年新目标档案，真是值得效法的美好家庭传统。

故事四十四：希望有个像你爸爸的父亲辅导我

监督阶段需要比较实际和计划绩效的偏差，如有偏差就要采取纠正行动。在监督阶段发现孩子成绩不好怎么办？这是第44个故事。我们家女儿高一的时候，我先生发现教养孩子项目的成果和原先计划的目标有很大的差距，他就用辅导支持的方式把项目拉回正轨。女儿高一暑假时，为准备去美国念大学，参加了美国大学入学Pre-SAT（预备学术才能测验）的考试，考出来的英文成绩很差，根本没机会申请到好的美国大学。女儿太外向，喜欢搞一大堆课外活动，无法专心念书。我先生那一年就跟她讨论，问她将来准备在香港念大学还是要去美国？她说要去美国。我先生说英文考这么差的成绩怎么去美国，既然申请不到比香港的大学好的美国大学，不如就留在爸爸身边读大学，还实惠些。女儿为了要去美国，同意必须改进英文，只好答应整个暑假两三个月，每一天早上都到她爸爸办公室好好念《时代周刊》(Time Magazine)，时代周刊的文笔都是特别好的，爸爸规定她每天读完后才能出去玩。放暑假别的同学都三五成群地去玩了，只有女儿不情愿地跟着她爸爸去了。到了办公室，爸爸让她自由地选一篇喜欢的文章读，只要精读两页就够了，因为《时代周刊》的文章是很难读的，而且英文写得非常优美、写作水准非常高。我们家女儿因为喜欢唱歌就选了一篇她喜欢的娱乐版的文章，敷衍了事地花了20分钟看完后就想走人，结果爸爸一抽查就发现她好多英文单字都不会，爸爸就要求她把每一个生字的意思通通查字典查出来，等她搞懂全文意思，爸爸才给她放行。第二天再来的时候她便知道爸爸是忽悠不了的，爸爸会问她问题，她有不懂的就来请爸爸解释。这个阶段她每次读一篇文章就不是半个小时，肯定要至少两个小时了。

几个礼拜以后，她爸爸觉得她已经做得蛮不错了，就提高标准，要求她除了把一篇文章读懂之外，还要在这篇文章里选三个句子，这三个句子是她所认为的神来之笔、写得特别好的、触动心弦的。她爸爸也会看那篇文章，也选了三个好句子，父女两人互相对照，讨论为什么女儿喜欢的和爸爸喜欢的不同或者相同，论述分析各自的理由，两人你来我往地辩论，很快一个上午就过去了。经过整个暑假的两三个月辅导以后，我先生就改变了女儿的阅读态度。女儿学会阅读一篇文章不只是去死背一些单词，而是了解作者的思路，欣赏作者如何优美地描述一个经验或事件，如何起承转合地布局。一个暑假下来，在爸爸的辅导下，女儿尝到了做学问的滋味，也增加了对学习的自信。暑假结束升到高二时，她的英文便突飞猛进，到高三的时候她的英文已经分在最高级的程度了，而且成绩都是拿A。

后来，女儿被哈佛大学录取，以前经常跟她一起玩的同班同学，很好奇地问她，原来高一的时候大家的成绩都差不多，为何后来她突然摇身一变英文进步了这么多？女儿就告诉她的同学，在她高一时，爸爸亲自花时间用《时代周刊》辅导了她整个暑假后，她才知道怎么把书读出味道来，怎么把一篇文章读透。从此，她对英文的看法就不一样了，也就是在关键时刻，爸爸纠正了她读书敷衍了事、不求甚解的坏习惯。女儿的同学感慨地说，"我也希望在我的成长过程中，有一个像你爸爸一样的父亲，在我人生的关键时刻拉我一把"。后来，《时代周刊》有一期的封面是讲一个"虎妈"严格教养儿女的故事。我先生的朋友们，都笑称我先生是"虎爸"。女儿收到哈佛大学的录取通知书时，才真正了解爸爸的用心良苦。在高中毕业典礼的时候，女儿以校代表的身份，代表毕业班致辞，她特别提到感谢父母亲的爱心养育和耐心管教，在座的家长们想起过去18年教养孩子的酸甜苦辣，如今孩子要放飞了，许多都湿润了眼眶。所以做父母的，除了忙事业之外，在孩子最需要你的关键时刻，一定要花时间跟他们在一起。

总之，父母做育儿项目监督时，如果是孩子能力不足，就要有耐心地给予辅导和支持。监督可以严格，但一定要合情合理，不可一味地专制，免得造成亲子关系十分紧张。另外，有些父母，因为事业太忙（特别是父亲），下班回家太晚，有时没有和全家人一起吃饭，甚至回家时小孩都睡了，如何实现树立家规的效果呢？监督的工作是要花时间成本的，如果全由保姆阿姨或祖父母包办了，这种没有监督的儿女教养项目，如何能达到培育人才的目标呢？我们夫妇，在孩子18岁离家上大学之前，坚持每晚一定准时回家，全家一起吃晚饭，几乎不出差，晚上也基本上不应酬，如果需要加班，也是等吃完晚饭孩子睡了才加班。

五.育儿项目结尾阶段

放手、尊重、支持

项目结尾是终结一个项目的管理过程。这一过程与项目启动一样重要，一定要有始有终。如果没有结尾阶段对项目结果的验收和收尾，就盲目结束项目，会导致赞助者不满意并留下诸多隐患。教养儿女的项目结束是项目目标的实现，这时候孩子长大成人，毕业了，离开家去工作，或成立自己的家庭，做父母的也可以放下重担，轻轻松松地送走儿女，结束教养儿女的项目了。项目结尾阶段的重点是，教养儿女的项目已结束，儿女都成家立业了，父母要放下项目经理的管理权，不要干涉成年儿女的决定，放手让他们为自己负责，管理他们自己的人生。

要父母放下，说起来容易，做起来难。教养儿女项目结尾时，许多中国父母最容易犯的毛病就是放不下，儿女都成家立业甚至有自己的孩子了，做父母的还把成年儿女当小孩看待，总是忍不住插手管事。有人戏称这种老要插手管理成年儿女的父母是"直升机父母（helicopter parents）"，"直升机父母"是指特别关注孩子的经历和问题的父母。他们像直升机一样"在头顶盘旋"，不断监督着孩子生活的各个方面。前面提到祖父母还插手管儿女教养孙辈的事，就是一个"直升机父母"的例子，也就是没有做好项目的结束收尾。

故事四十五：要当朋友一样的尊重成年孩子

怎么尊重成年儿女的选择？这是第45个故事。在我们家孩子成年后交男女朋友，还有选择工作时，我老想给他们提供意见，怕他们吃亏。后来，我发现成年孩子想做的事，父母唠唠叨叨不停地出意见，反而效果不好。我的博士班导师是一位有知识、有智慧的澳洲教授，她有个已婚的女儿。有一次，我还特别请教我的博士班导师如何给成年孩子提意见，她说："只有当女儿请问我时，我才提出建议。"我接着问："那你女儿问过你什么问题呢？"她说："从来也没问过我啊！"我们就彼此会心地大笑。我被她的这段话点醒，我不就是那些"直升机父母"之一吗？于是，我就赶快调整心态，把儿女当朋友一样尊重，不要随便给意见，从此亲子关系也就越来越好了。

故事四十六：尊重成年孩子的工作选择

说到孩子成年了，要尊重孩子的工作选择。举个例子，这是第46个故事。2005年，我们家女儿大学毕业选择去"为美国教书(Teach for America; 简称TFA)"。"为美国教书"是一个美国的非盈利组织，组织的目标，是要共同努力消除美国社会教育机会不公平的现象。"为美国教书"的团队成员承诺到贫困地区的中、小学教书，帮助贫困地区的孩子有机会受到更好的教育，为美国的多元化、公平和包容性的理想努力。女儿参加了"为美国教书"之后，被派到脏乱的美国贫民窟做初中老师，那两年真是又危险、又穷、又苦，我们做父母的是又心疼、又担心，心里实在不愿意，可是她坚持要去，她说她要把耶稣基督的爱带到那些不幸的孩子当中。听了她的博爱、正气和豪情以后，我们就只有支持孩子的理想。记得她第一个学期教完，回到香港度圣诞节，我发现她真是心力交瘁，因为贫民窟的初中生是很难教的，弄得一个22岁的小姑娘居然头发白了三分之一，我还要带她去染发。我们当时，就劝她放弃，不要再回去了，可是她要坚持下去，还做完了两年的合约。没想到这两年的苦日子，就把她的韧性给磨炼出来了，有人说，在"为美国教书"工作的锻炼，是最好的领导力的培训课程。2007年，女儿做完两年"为美国教书"

的项目，申请到马里兰大学组织行为系的博士班，因为这个学程很出名，入学要求很高，每年只收三位博士生，竞争十分激烈。念博士时，别的同学喊苦，女儿说比起贫民窟做老师的日子，现在有奖学金念书真是太幸福、太感恩了。所以女儿后来很顺利地读完博士班，在美国找到理想的教职，成为一名教授，每天充满激情地忙于领导力和组织管理学的教学和研究。2018年女儿被提升为终身教授，2019年赢得了全商学院最高声誉的教学奖，她的MBA学生称她为"令人难以置信的沟通者"，是一位对教学有"激情"又很会"激励"学生的杰出教授。（记得吗？她的第一大优势才干就是"沟通"）。

故事四十七：做孩子最好的啦啦队

　　说了女儿的工作选择故事，也说说我们家儿子的工作选择吧，这是第47个故事。儿子大学是电脑系名列前茅毕业，在硅谷做很酷又待遇优渥的软件架构师，大部分人都会很满足，但是儿子的兴趣是科研工作。他很顺利地申请到美国一所著名大学全额奖学金的电脑系博士班，主修人工智能的学程，但他经过仔细思考后，觉得研究电脑不如研究人脑更有趣，因为人脑更复杂，研究起来更具挑战性（记得吗？他的个性类型是属于喜欢解决复杂难题的人）。因此，他也同时申请医学和科技结合的双博士班（MD/PhD），很幸运，他进了哈佛医学院和麻省理工学院联合的健康科技双博士班(Harvard-MIT Health Sciences and Technology)，这个双博士班，竞争十分激烈，一年只收12~14人，目标是培养一批高端人才，从事跨越科学、工程和医学领域的工作，来解决与人类健康有关的复杂难题。但是这样的学程既要念医学博士，又要念科学或工程方面的博士，再加上医院实习和博士后的科研，前后要十几年的时间。

那是2002年，我们根本没听说过把电脑应用在生物科技和医学上的，当时他放弃了优渥的软件架构师的工作，回到大学研究所苦读七年拿到医学和分子生物的双博士，那时很多的同学毕业就去做医生拿高薪了，可是儿子却去做又苦又穷的博士后研究。我们当时也很心疼，劝他放弃这条艰辛的路。还记得儿子说了一句我至今还印象深刻的话，"宁可一个错误是由于自己的决定而造成的，也不要一个错误是因为听了父母的决定而造成的"。儿子的话很有道理，因为他早已成人，是一个有独立思想的个体，他要走自己人生的路，而不是活在爸妈的影子下。其实今日世界科技变化太快，父母有限的知识和经验，极可能过时了，怎么能判断未来呢？又怎么能帮儿女承担决定的后果呢？我们听了儿子有道理又有志气的话，加上他又不怕苦坚持到底，既然孩子有理想，我们也就支持到底。最后儿子终于做出好的科研成果，成为遗传基因分析的专家，现在也有了自己的研究室，对医学研究创新有更进一步的贡献。

我们为两个孩子能坚持自己的信念和激情，最后达到自己的理想而感恩，他们并不拥有最赚钱的工作，但是都感觉很幸福，因为他们知道自己人生的目的是什么，也知道自己被赐予的天赋才干放在哪里对社会的贡献最大，他们也找到他们的"ikigai"，各自过有意义的人生了。我们很欣慰的是，当时没有用父母的权威阻挠他们对梦想的追求，而且有机会一路陪伴和支持他们。

我这边要提一句，教养儿女的项目结束后，不代表父母不关心、不支持孩子，就像对待好朋友一样，在儿女有正当的需要向父母提出要求的时候，要支持他们，例如，在经济情况许可下，帮忙支付大学学费，买第一套房的首付；或者在时间和体能允许下，照顾他们坐月子、在孙儿女出生的头几个月里帮忙带小孩，或者在他们遇到紧急情况时给予支援。切记！不要自告奋勇去帮忙，要等孩子来求助时才做，免得自以为替孩子着想，可是孩子却不领情。前面提过，有些祖父母，孙辈一出生，不等儿女同意，立马搬进儿女家住，说是帮忙，祖父母自己却当起项目经理，越俎代庖，儿女因为传统孝道的观念，又不好意思赶老人走，惹出一堆三代同堂的问题。另外，不要和成家的孩子住在同一屋檐下，我觉得比较好的做法是，如果双方都愿意，祖父母和儿孙可以考虑住在"一碗汤的距离"（大约是10~15分钟的距离），因为煲好一碗汤送过去刚好，太近会烫到舌头，太远汤凉了又不好喝。一碗汤的居住距离正好，有需要时，彼此有个照应，没有需要时，各自有各自的独立空间，这岂不是两全其美吗？

感恩与祝福

如今，我们家儿女结婚生子，我们的儿女教养项目结束了。女儿出嫁时，她和女婿在婚宴中，一个唱歌、一个弹吉他，对着我们夫妇和男方父母，感恩地唱《你鼓舞了我!》（You raise me up!），其中一段歌词是"你鼓舞了我，所以我能站在山巅，你鼓舞了我，所以我能渡过波涛大海，当我在你的肩膀上，我变得坚强，你的鼓励，让我超越自己"，他们的歌声打动了我们，如今也成了我们最喜爱的诗歌之一。

故事四十八：亲子之间，关系最重要

亲子之间，关系最重要。这是第48个故事。在教养儿女的项目结尾时，父母必须和成年的儿女有个双向的回馈沟通，确认双方对于这个项目过程都有个美好的回忆。没有一个项目是完美的，没有一对父母是无瑕的，也没有一个儿女是完美的。父母如果在教养过程中有得罪儿女的地方，在结束项目时，要抓紧这个极好的机会向儿女道歉，儿女也可以趁机表达感恩之情。我在儿女长大以后，特别问他们，我做母亲的有没有什么地方伤害到他们，他们说了以后，我都向他们郑重地道歉。甚至他们成家立业以后，即使有误解，我也会尽量沟通，包括对媳妇和女婿也是如此。有一次，我发现有得罪女婿的地方，便特别拉他到一边很诚恳地向他道歉，请求他原谅，女儿后来知道了这件事也很欣慰，因为我们很注意彼此的融洽关系。华人的传统是，天大、地大、父母最大，要父母向儿女道歉，即使父母有错，也比较拉不下面子向儿女道歉。但是，如果我们做父母的，不以身作则地道歉，彼此之间总有心结打不开，如何能在儿女成家立业之后，还能其乐融融地像一家人一样在一起呢？所以再说一遍，亲子之间，关系是最重要的。

故事四十九：继续家庭聚会和彼此问安的传统

　　孩子成家立业后，育儿的项目结束了，如何继续维持一家人的感情？这是第49个故事。为了维持好关系，我们家在育儿项目结束后，还是继续每年家庭聚会的好传统和每周的视讯问安。对成年甚至成家的儿女，我还是继续给孩子们写鼓励的生日卡。不要小看小小的一张卡片，2016年因为大搬家又换新工作，事情太多，我把女儿和大孙女的生日卡给忘了，只在电话里顺口一提。后来儿子和女儿等来等去都等不到卡片，就提醒我，我才发现，即使短短的一年回顾和几句鼓励感恩的话，不管孩子多大，他们还是很重视的，这也表示他们很在乎我们之间的亲子关系，所以我就赶快补上他们的生日卡。我们家的孩子成年离开家以后，每年在重要的日子，也都会寄卡片给我们。2016年的父亲节，女儿送给爸爸一张很贴心的卡片，卡片上写道："父亲节快乐！谢谢爸爸，您是我们德行的典范，您是一棵大树，我们都从您而生，您使我们达到更高的境界，谢谢您的支持：您的爱、您的慷慨、您的智慧。我会永远感恩，您是我所能要求的最棒的父亲。"儿子比较内敛不太会表达，每年圣诞节也会寄全家福的贺卡、礼物或红包给我们。2016年我生日，女儿送给我一张很贴心的卡片，卡片上她写道："母亲的爱是一个安全的地方，从那里，家人可以自由地展翅上腾。您的支持使我们才有可能达到我们在专业、学术、个人和灵性上的成就。"我很欣慰我们的教养方式，使孩子不觉得是被强逼的，而是按照每个孩子被造的不同天赋，让孩子自由地飞翔。所以做父母的，千万不要把孩子当成是自己的财产，抓得死死的，否则孩子永远活不出真正的自我，也发挥不出孩子被创造的天赋恩赐了。

让你的孩子自由的展翅上腾
Let your children be free to fly

Thanking God For
YOU

Your mother's touch,
your warm embrace,
your eyes reflecting
love and grace.
Your steady smile,
your heart that's true,
your hope that starts
each day anew.
Your caring words,
your thoughtful deeds,
your fervent prayers
when there's a need.

- 母亲的爱是一个安全的地方，从那里，家人可以自由的展翅上腾。

总 结

拉拉杂杂，写了一堆心得，我提出了三大原则，五大阶段，五十个小故事和案例。总结我前文所讲的内容，共有如下四大重点。

1.重点一：做个性化的培育

我相信每个孩子都被赐予一个独特的天赋，作为父母的职责就是发现孩子的天赋，创造并提供一个环境，来鼓励和支持孩子们充分发挥他们的天赋才干，找到他们的激情和人生目的。

2.重点二：品格要锻炼，能力要塑造

要有智慧的管教孩子，培养优秀品格。天赋才干的优势要开发，但不良习惯要纠正。要塑造未来的领导能力，而不是达到短期的KPI。

3.重点二：职场和家庭要兼顾

不同的时期，要有不同的优先次序。

什么时候该做什么事是有定期的。

夫妻同心合一，彼此顺服，以身作则。

健康的婚姻，良好的家教，是优秀孩子的基础。

4.重点四：做个好管理者，管好教养儿女的项目

孩子的父母是教养儿女项目的唯一负责人，作为项目经理，孩子的父母要专心负责整个项目在不同时期需要注意的事情和活动，从项目启动阶段、计划阶段、执行阶段、监督阶段，直到结尾阶段，要尽心尽力把儿女培养成对社会有贡献的人才。

教养儿女不容易，但是并非不可能。以下是几个小提醒：

1）教养儿女既要管教，更要启发。

2）孩子小的时候需要父母大量的爱和陪伴。

3）孩子大些时，父母要尊重和聆听孩子的感受。

4）帮助孩子树立正确的人生观和价值观，因为人一生的果效都是由心发出的。

5）父母可以对孩子要求严格，但是一定要合情合理。

6）赏罚要公平一致，赏罚的原因更要向孩子解释清楚。

7）不让孩子傲慢，傲慢会抹杀天才。

8）开发孩子的激情和优势，成为最棒的自己。

9）健康的婚姻、幸福的家庭，是培养优秀孩子的摇篮。

10）父母要修身养性、以身作则，用生命影响孩子的生命。

教养儿女不容易，父母也是普通人，我们都有自己的极限，怎么办？古人说："恩威并济"，我们家认为，应该是"恩威德并济"，因为做父母的就像做领导的一样，没有德行的领导得不到下属打心里的敬重；没有德行的领导施些小恩小惠，只是为了自己的好处；没有德行的领导，严刑峻法，即使达到短期绩效，也只是为了自己的私利，所以"恩威并济"的基础在于"德"，做父母的培养自己的品德至关重要，要想自己的孩子成为有高尚品德的优秀人才，首先，父母就要以身作则，才能用自己的生命来影响孩子的生命。古人说："上梁不正，下梁歪"，又说："修身、齐家、治国、平天下"，一切要从父母自己修身养性开始。我年纪越大，越发现年老退休后不用怕失去人生目标，因为成圣之路是一辈子的功课，我会一路忙着做有意义的事，直到我息了世上的工为止。

故事五十：寻求属天的智慧，做好修身养性

要想做好修身养性是要有属天的智慧的，我要讲最后一个故事，这是第50个故事。古代以色列的所罗门王是个有名的智慧之人，他年轻的时候，为了要治理好国家，他自知人的能力有限，就向神求智慧，神看他没有为自己求财富和求长寿，就答应赐给他超过其他国王的智慧。后来，所罗门的智慧之言，就收集在《箴言》一书中。我们和所罗门王一样都是人，是人就都有人的极限，所以我时常读经祷告，从中得到更崇高的智慧和更伟大的力量，来不断地改变自己、提升自己，希望做更称职的人。有一本书叫《所罗门的智慧》，书中有100个短文，有100块建造品格德行的宝贵基石，都是基于圣经"箴言"一书的话语，很适合每日研读一篇。《箴言》有三十一章短文，每天读一章，一个月正好读完。有一年，我们家按照每日的日期读，比方讲，今天是一月一号就读第一章，明天一月二号读第二章，到一月31号读第31章，下个月二月一号又读第一章，如此类推，《箴言》一书，一年可读12遍。孩子懂事以后，可以和

孩子一起念、一起讨论《箴言》，每人选出一句自己最受触动的句子，彼此分享，效果会更好。全家一起领受这智慧大餐，获取这从天而来的真知灼见，胜过父母每日唠唠叨叨的不知多少倍。父母是儿女的第一对启蒙老师，有一句话是一位名师的励志之言："有意识的，我们教的是，我们所知道的；无意识的，我们教的是，我们自己是什么样的人。"（出自：哈马切克Hamachek，D.1999）可见身教何其重要。

回顾：这是我们家一门四博士的故事

教养儿女有没有公式？没有！每个孩子都会有自己独特的人生旅程，每个孩子就像一颗原钻石，要经过切割打磨，才能发出它天生独有的璀璨，做父母的职责就是提供一个好的环境，支持孩子把他们独特的天赋才干发挥出来，帮助孩子打造出钻石般的人生，成为对社会有贡献的人。最后，我想引用一句话结束这本书。2018年9月28日也就是孔子诞辰纪念日那天，管理学大师中的大师，史丹福教授名师，詹姆斯·马奇（James March）90岁去世。他有句名言："学生是宝石，我的角色只是把他们磨光一点。最后，我会被忘记，而他们还在那里"。何等的大师！何等的胸怀！作为儿女的第一对启蒙老师，我们身为父母的，要有这样的气度来做好传承！在此，与各位读者共勉之。

孩子和你都是钻石！祝福大家，事业成功、家庭幸福、福杯满溢，谢谢！

附录：50个故事目录

图书在版编目（CIP）数据

哈佛妈妈天赋教育法：孩子和你都是钻石 / 姚青萍
著. ——上海：上海三联书店，2019.11
ISBN 978-7-5426-6692-5

Ⅰ. ①哈… Ⅱ. ①姚… Ⅲ. ①家庭教育 Ⅳ. ①G78

中国版本图书馆CIP数据核字（2019）第146292号

哈佛妈妈天赋教育法：孩子和你都是钻石

著　　者 / 姚青萍		
责任编辑 / 程　力　陆雅敏		
版式设计 / 姚　璐		
封面设计 / 孙一娴		
监　　制 / 姚　军		
责任校对 / 徐　峰		

出版发行 / 上海三联书店
　　　　　（200030）中国上海市漕溪北路331号A座6楼
邮购电话 / 021-22895540
印　　刷 / 上海盛通时代印刷有限公司

版　　次 / 2019年11月第1版
印　　次 / 2019年11月第1次印刷
开　　本 / 787×1092　1/32
字　　数 / 100千字
印　　张 / 8.75
书　　号 / ISBN 978-7-5426-6692-5/G · 1527
定　　价 / 48.00元

敬启读者，如本书有印装质量问题，请与印刷厂联系021-37910000

孩子和你｜都是钻石

上海三联书店 官方订阅号

上海三联书店 官方服务号

ISBN 978-7-5426-6692-5

9 787542 666925

定价：48.00元